WILDNIS
IM GARTEN

WILDNIS IM GARTEN

Grüne Oasen schaffen

THE BUTTERFLY BROTHERS

DK

INHALT

112 BLUMENWIESEN

148 NOCH MEHR TIERE ANLOCKEN

VORWORT

Wir sind in den Neunzigerjahren mitten in der Natur aufgewachsen. Unsere ersten Jahre verbrachten wir in einer schönen viktorianischen Doppelhaushälfte an einer lebhaften Straße in einer Kleinstadt. Vom Erkerfenster hatten wir einen Blick auf eine durchschnittlich große Kieszufahrt. Dahinter verlief der Gehweg, dann kam die Straße. Außerdem gab es vor dem Haus eine große, von Heckenbraunellen in Beschlag genommene Ligusterhecke, einen Pfeifenstrauch, eine Forsythie und eine Blut-Johannisbeere.

Hinter dem Haus sah es etwas anders aus. Das Grundstück war relativ schmal, aber sehr lang. Wenn wir durch den Garten gingen, liefen wir auf einem gepflasterten Weg vorbei am Rasen und einem alten Apfelbaum, in den unser Vater uns ein großartiges Baumhaus gebaut hatte. Am Gartenende stand ein großer alter, von einer riesigen Kletterrose komplett zugewucherter Schuppen. Daneben befand sich eine wilde Mischung aus Brombeeren, Brennnesseln, alten Sperrholzplatten, aus denen wir einen Unterschlupf bauen wollten, einem Komposthaufen voller Krabbelgetier – und der größten Hausspinne, die man sich vorstellen kann!

Die Ligusterhecke verlief von der Vorderseite am Haus vorbei und die gesamte Grundstückslänge entlang. Sie war ein willkommenes Refugium für eine Kolonie Hausspatzen, die es damals noch in Scharen gab. Hier und da schlugen wir Breschen in die Hecke, um zum Sommerende regelmäßige Apfelraubzüge in Nachbargärten zu unternehmen.

Auf der anderen Seite des Gartens befand sich Mutters ganzer Stolz: eine prächtige Rabatte, in der sie alle möglichen Schönheiten hätschelte. Je nach Saison konnte man hier Iris, Storchschnäbel, Schneeglöckchen, Sonnenblumen, Stachelbeeren, Veilchen und Hasenglöckchen bewundern. Mamas Interesse für das Gärtnern in Kombination mit Papas Leiden-

Als Kinder verbrachten wir Stunden kniend neben dem Naturteich im Garten hinter dem Haus.

schaft fürs Fischen und unserer Kindheit, die wir mit dem Aufspüren von Vogelnestern verbrachten, machte aus uns begeisterte Naturliebhaber.

Später zogen wir auf die andere Seite der Stadt in einen kleinen, von Koniferen gesäumten Bungalow. Eines Tages brachte Vater eine ramponierte alte Teichschale mit nach Hause. Als er sie auf dem Boden platzierte, rammte er versehentlich den Stumpf einer Konifere durch ihren Boden! Sie war jedoch schnell repariert und nach viel Buddelei weihten wir am 4. August 1996 unseren ersten Naturteich offiziell ein. Man kann sagen, dass das der prägendste Moment unserer Kindheit war.

Viele Stunden lang knieten wir am Teichrand, beobachteten Ruderwanzen, drehten auf der Suche nach Fröschen Steine um und stibitzten Maden aus Papas Köderschachtel, um sie an eine Angelschnur zu binden und Teichmolche damit anzulocken. Oft baten wir unsere Eltern, nach der Bettgehzeit noch etwas aufbleiben zu dürfen, weil wir Fledermäuse bei der Insektenjagd über dem Teich beobachten wollten.

Eine so »wilde« Kindheit, wie wir sie noch erlebt haben, gibt es kaum mehr. Durch die zunehmende Ausweisung neuer Baugebiete gehen riesige

Indem wir unsere Gärten überdenken, können wir alle unseren Beitrag zum Erhalt heimischer Tierarten leisten und dem Klimawandel etwas entgegensetzen.

naturbelassene Flächen verloren, etwa ehemalige Industrieareale und Brachland, durch die Kinder und Wildtiere in fröhlicher Koexistenz streiften.

Doch auch unsere eigenen Gärten sind nicht gerade reinste Natur. Wie viele können mit Fug und Recht behaupten, in einer Gegend zu leben, in der Vogelgesang, Igel, Fledermäuse und Libellen allgegenwärtig sind? Bei einem Blick in den Nachbargarten sehen wir mitunter nicht viel mehr als gemähten Rasen und Pflasterflächen oder – noch schlimmer – Kunstrasen und Plastikblumen. Wie viele Zäune haben noch Lücken, durch die Igel schlüpfen können? In welchen Gärten in Ihrer Straße gibt es Teiche, in denen sich Frösche und Molche tummeln? Wo finden Vögel und Fledermäuse unter den Dächern moderner Häuser noch Unterschlupf?

Selbst unsere eigenen Gärten halten wir oft steril. Viele Blumenbeete und Ziersträucher sind mit Schneckenkorn und chemischen Insektiziden vergiftet. Sogar die Wahl unserer Pflanzen ist fragwürdig: Exoten mögen atemberaubend aussehen, bringen unseren Wirbellosen aber nicht annähernd so viel wie heimische Arten. Um das Problem zu erkennen, brauchen wir nur an unseren Naturkundeunterricht zurückzudenken, als wir etwas über Nahrungsketten erfuhren. Pflanzen werden von Insekten gefressen und Insekten von Vögeln, Säugetieren, Amphibien, Reptilien usw. Was also bedeutet es für die Natur, wenn die Insekten weniger werden?

In aller Welt schwinden Naturräume. In Europa etwa gelten 50 Prozent der Grünflächen als bedroht oder gefährdet. In Deutschland hat sich die Grünfläche allein von 1990 bis 2009 um 875000 ha verringert. Im Zuge der Flurbereinigung im 20. Jahrhundert ging der Anteil wertvoller Feldhecken um zwei Drittel zurück. Viele Pflanzen- und Tierarten sind durch den Rückgang von Naturräumen in höchstem Maße gefährdet, vom Klimawandel ganz zu schweigen.

Trotz alledem können wir etwas tun – sogar vor unserer eigenen Tür. Was wäre, wenn wir in unseren Freilufträumen – Gärten und Balkonen in Stadt und Land – mehr Natur zulassen würden? Was, wenn jeder, der die Möglichkeit hätte, einen Baum pflanzen, einen Nistkasten aufhängen, einen Teich anlegen oder das Gras lang wachsen lassen würde? Was, wenn wir die wilderen, vielfältigeren, von Vogelgezwitscher erfüllten Gärten unserer Kindheit wieder zurückholen würden? Es müssten nur ein paar Leute pro Nachbarschaft an einem Strang ziehen, dann hätten wir bald ein landesweites Netz aus Biotopen. Wir können viel bewirken, wenn wir in unserem Garten, so klein er auch sein mag, der Natur etwas entgegenkommen.

Jim und Joel Ashton

GARTEN-PLANUNG

Nehmen Sie sich einen Augenblick Zeit und überlegen Sie: Wie kann ich meinen Garten naturnah gestalten? Was möchte ich behalten, was hinzufügen? Und wie soll sich alles harmonisch zusammenfügen?

EINFÜHRUNG

Viele stellen sich einen Naturgarten als Gewirr aus Brombeeren, Brennnesseln und Sträuchern vor. Dieses Stereotyp schreckt etliche Gartenbesitzer ab, die nie zulassen würden, dass sich ihr geliebtes Reich in ein zugewuchertes Dickicht verwandelt. Andere nehmen Naturnähe als Ausrede, um ihren Garten zu vernachlässigen und komplett sich selbst zu überlassen.

Wenn man der Natur freien Lauf lässt, schafft sie tatsächlich eine Reihe von Habitaten, die sich in einem natürlichen Gleichgewicht befinden und vielerlei Lebewesen Nahrung, Unterschlupf und Brutplätze bieten. Will man aber einen Garten kontrolliert wieder renaturieren, also die Natur in einen Raum zurückholen, den wir ursprünglich für uns beansprucht haben, dann ist ein gewisser Input von unserer Seite nötig, damit ein Lebensraum entsteht, der Mensch und Tier gleichermaßen anspricht.

Bevor Sie also den Spaten in die Hand nehmen, sollten Sie sich etwas Zeit nehmen, um darüber nachzudenken, was Sie mit Ihrem Naturgarten erreichen wollen. Manche Überlegungen sind sicher praktischer Natur: Wie viel will ich ausgeben? Wo kommen die Komposter hin? Was sagt der Nachbar, wenn ich den Zaun abmontiere?

> Gute Vorbereitung und Planung sind das A und O, wenn man einen tierfreundlichen Garten anstrebt. Fangen Sie erst zu graben an, wenn Sie wissen, was Sie wollen.

Herausfinden müssen Sie außerdem, wie Sie Ihren Garten möglichst attraktiv für die Tiere gestalten, die Sie anlocken wollen. Bei Teichen entscheidet der Standort darüber, ob Sie einen leeren Algentümpel bekommen oder ein florierendes Ökosystem, in dem es vor Leben wimmelt. Die Wahl der Begrenzungen und befestigten Flächen wiederum wirkt sich auf Zahl und Vielfalt der Pflanzenarten aus, die Sie in Ihrem Garten beherbergen können. Eine gute Gestaltung ist in einem tierfreundlichen Garten vielleicht noch wichtiger als in einem normalen, denn man richtet ihn nicht nur für sich und die Familie ein, sondern auch für die Natur.

Wenn Sie sich jetzt fragen: »Wo soll ich anfangen?« und keinen Schimmer haben, wie Sie Ihren Garten naturnah gestalten sollen, seien Sie unbesorgt. In diesem Kapitel führen wir Sie durch alle nötigen Basics: wie Sie die Ausrichtung festlegen, wie Sie die bestehenden Elemente optimal nutzen und was Sie beachten müssen, wenn Sie neue Elemente hinzufügen, sei es ein Teich, ein Weg, eine Nektarrabatte oder eine Wiese. Wir liefern Ihnen sogar einen einfachen Plan für einen frisch »renaturierten« Garten. So sehen Sie, was möglich ist, ganz gleich, welche Fläche zur Verfügung steht.

MIT DER AUSRICHTUNG ARBEITEN

Bevor Sie ein Großprojekt in Angriff nehmen, analysieren Sie erst die Ausrichtung Ihres Gartens.

Als »Ausrichtung« wird die Himmelsrichtung bezeichnet, in die eine Freifläche zeigt. Sie ist bei der Planung von großer Bedeutung. Ob ein Garten nach Norden, Süden, Osten oder Westen gerichtet ist, hat wesentlichen Einfluss darauf, welche seiner Bereiche wie viel Sonne abbekommen. Das wiederum entscheidet, welche Pflanzenarten oder Habitate wo am besten aufgehoben sind und was für Tierarten sie anlocken.

Wie ein Garten (oder Balkon) ausgerichtet ist, findet man mit einem Kompass oder einer App heraus. Stellen Sie sich dazu vor die Hauswand, ob vor oder hinter dem Gebäude, bzw. die Balkontür. Ihre Blickrichtung ist die Ausrichtung des Gartens.

Wichtig wird die Ausrichtung, wenn es darum geht, wo neue Elemente platziert werden sollen. Bevor man allerdings eine Entscheidung trifft, sollte man auch die Beschattung bestimmter Areale im Verlauf der Saison berücksichtigen, denn sie hat ebenfalls Einfluss darauf, wo eine neue Hänge-Birke gepflanzt oder ein Teich angelegt werden soll.

Nicht vergessen darf man außerdem, dass Sonne nicht alles ist. Schatten ist keineswegs per se ein Nachteil. Manche Arten genießen ein Sonnenbad, andere hingegen bevorzugen Schatten. Ganz gleich, wie Ihr Garten ausgerichtet ist, für jede Variante gibt es reichlich passende Pflanzen (siehe Seite 182–186). Sie müssen nur wissen, was wofür geeignet ist.

NÖRDLICHE AUSRICHTUNG

Zeigt Ihr Garten nach Norden, sollten Sie keine hohen oder mittelgroßen Bäume direkt neben das Haus pflanzen, denn sie beschatten den Mittelteil der Anlage. Stattdessen sind sie besser am Gartenende aufgehoben, damit die Elemente in der Mitte die meiste Zeit des Tages in der Sonne liegen. Gerade Insekten sind sehr wärmebedürftig und genießen die wärmende Sonne, während sie sich Nektar holen.

ÖSTLICHE AUSRICHTUNG

Der Tag fängt gut an, wenn man morgens die Sonne über dem Garten aufgehen sieht und ihre ersten Strahlen durch die Fenster fallen. Allerdings heißt das auch, dass der Garten am Nachmittag eher im Schatten liegt. Wenn Sie Nektarrabatten hier zu nah am Haus anlegen, statten Insekten Ihnen zwar morgens eifrig einen Besuch ab, bleiben Ihnen am Nachmittag aber eher fern und bedienen sich dann lieber beim Nachbarn.

WESTLICHE AUSRICHTUNG

Geht ein Garten nach Westen, beginnt der Tag für ihn eher schattig, bevor er im weiteren Verlauf seine Dosis Wärme und Sonne erhält. Nektarrabatten oder Feldblumenwiesen sollten Sie daher möglichst weit weg vom Haus anlegen, da sie sonst morgens im Schatten liegen, aber Insekten wie Schwebfliegen erst mit der Wärme in die Gänge kommen. Genau wie Libellen und wirbelloses Wassergetier oder Amphibien wie Molche, die morgens gern an flachen Teichrändern in der Sonne baden, weshalb Wasserelemente nicht im Morgenschatten liegen sollten.

SÜDLICHE AUSRICHTUNG

In Gärten mit südlicher Ausrichtung ist die Sonneneinstrahlung im Tagesverlauf durchschnittlich am höchsten. Das behagt den meisten Tieren, doch sollte man hier um mancher Tiere und der Menschen willen auch für schattige Zufluchten sorgen. Bäume am Gartenende schützen den Garten vor der Mittagssonne, ihr Schatten wird allerdings nicht weiter als bis zur Gartenmitte reichen, sodass noch ein schönes sonniges Fleckchen für einen Teich bleibt. Wenn man einen Blumenrasen oder eine Wildblumenwiese in einem Areal anlegt, auf das ununterbrochen die Sonne scheint, können nektarsuchende Insekten dort wesentlich länger nach Nahrung suchen. Wir haben Schmetterlinge beobachtet, die im Juli noch bis acht Uhr abends in den letzten Sonnenstrahlen eines nach Süden gerichteten Gartens auf Blüten saßen.

MIT BESTEHENDEN ELEMENTEN ARBEITEN

Einem neu übernommenen Garten seinen Stempel aufzudrücken ist verlockend. Aber bitte arbeiten Sie nicht nach der »Alles-herausreißen-und-ganz-von-vorn-beginnen«-Methode. Bevor Sie Tabula rasa machen, überlegen Sie erst, welche Vorteile die Übernahme bestehender Vegetation hat. Die alte Kletterpflanze mag Ihnen ein Dorn im Auge sein, ist aber vielleicht der einzige sichere Rückzugsort für Vögel in Ihrem Garten. Verschwindet sie, machen sich auch die Vögel davon, weil sie nicht mehr vor Feinden wie dem Sperber oder der Nachbarskatze geschützt sind.

ÄLTERE PFLANZEN ÜBERNEHMEN

Ein Garten mit alten Bäumen, Sträuchern und Kletterpflanzen ist für Tiere ein Gewinn. Manche stehen vielleicht nicht unbedingt am richtigen Platz, um in Ihren neuen Gartenplan zu passen, doch raten wir, in diesem Fall den Plan so zu ändern, dass sie sich gut einfügen. Denn schon ein einziger älterer Baum ist ein unschätzbar wertvolles Habitat für Tiere und zudem ein wirkungsvolles Instrument im Kampf gegen den Klimawandel. Inzwischen weiß jeder, dass wir mehr Bäume pflanzen müssen, weil sie während ihres Wachstums der Atmosphäre Kohlenstoffdioxid entziehen. Das sollte jedoch nie auf Kosten bestehender Gehölze gehen, denn sie binden das Kohlenstoffdioxid, das sie im Lauf ihres Lebens aufgenommen haben. Fällen wir sie, gelangt dieses Kohlenstoffdioxid zurück in die Atmosphäre.

Auch nicht heimische Bäume und Sträucher werden gern als verzichtbar abgetan. Natürlich sind regionaltypische Gehölze wie Hänge-Birke, Eberesche, Feld-Ahorn und Sal-Weide erste Wahl bei Neupflanzungen, doch einen eingewachsenen Baum mit eingespieltem Ökosystem zu vernichten, nur weil er nicht hundertprozentig zu den Alteingesessenen gehört, bringt mehr Schaden als Nutzen. Die Rosskastanie etwa stammt von der Balkanhalbinsel und gelangte erst im 16. Jahrhundert nach Mitteleuropa. Trotzdem sind ihre Blüten eine wertvolle Nektarquelle für Bienen und Hummeln.

Auch Sträucher können für die lokale Tierwelt eine Bereicherung sein, etwa Mahonien und Kornelkirschen, deren leuchtende Blüten sich zum Teil schon im Spätwinter öffnen und die ersten aktiven Insekten nähren.

Wer einen alten Baum oder Strauch partout nicht mehr sehen will, braucht ihn nicht gleich zu roden. So kann man unter einen Strauch eine Hunds-Rose pflanzen, die an seinen Ästen hochrankt und ihn mit der Zeit völlig überwuchert. Muss ein Baum ohne Wenn und Aber weg, kann man manchmal zumindest den Stumpf im Boden lassen: Das Totholz ist ein wichtiger und seltener Lebensraum für Insekten (siehe Seite 169).

Viele der Naturgärten, mit deren Gestaltung wir beauftragt wurden, gehören zu Neubauten. Sie werden fast alle von baulichen Begrenzungen und nicht von heimischen Heckenpflanzen eingesäumt. Wie man sich unschwer denken kann, sind Hecken ökologisch wesentlich wertvoller als Zäune, Bretterwände und Co. (siehe Seite 32–39). Wenn Sie also das Glück haben, einen neuen Garten mit bestehender Hecke zu übernehmen, legen wir Ihnen dringend ans Herz, sie als Begrenzung zu behalten.

RASEN VERWANDELN

Viele Grasflächen sind unentdeckte Lebensräume und können bereits eine Vielzahl von Wildblumen enthalten. Wir haben oft erlebt, dass sich in einem Rasen plötzlich Wildorchideen, Margeriten und Hornklee zeigten, sobald der Mäher im Schuppen gelassen wurde. Manchmal vervielfacht sich die Zahl der Wildblumen in einem Garten allein dadurch, dass man das Gras im Frühjahr etwas länger wachsen lässt. Eine weitere Möglichkeit ist die Umwandlung einer bestehenden Grasfläche in einen Blumenrasen (siehe Seite 134–141).

Der Gewöhnliche Hornklee in diesem Blumenrasen ist eine großartige Nektarquelle.

NEUE BESTANDTEILE INTEGRIEREN

Wie der Garten ausgerichtet ist und welche Elemente Sie behalten möchten, steht inzwischen fest. Nun beginnt der eigentliche Spaß: das Bestücken mit neuem Grün. Wenn Sie in jeder Planungsphase die Bedürfnisse der Tierwelt im Hinterkopf behalten, dürfen Sie nicht nur gelegentliche Tagesausflügler, sondern auch Mitbewohner begrüßen, die in Ihrem grünen Reich eine neue Heimat finden. Also: Stift geholt und los geht's!

BEGRENZUNGEN

Nehmen Sie sich als Erstes die Zäune um Ihren Garten vor und entfernen Sie Heruntergekommenes. Diese Runderneuerung können Sie gleich nutzen, um tierfreundlichere Begrenzungen zu schaffen. Falls Sie und Ihre

Eine Hecke aus heimischen Sträuchern (siehe Seite 32–39) ist Begrenzung und Tierhabitat zugleich.

Nachbarn keinen Hund haben, muss es nicht unbedingt eine feste Barriere sein: Eine Naturhecke aus heimischen Gehölzen (siehe Seite 32–39) ist preiswerter und schöner als ein fester Wall, ganz zu schweigen von den Vorteilen für die Fauna. Sind Zäune vorhanden, kann man sie mithilfe von Rankgittern und Kletterpflanzen (siehe Seite 46–51) in etwas Wilderes verwandeln, das Vögeln wie Insekten Unterschlupf und Nahrung bietet. Lassen Sie in den Begrenzungen Schlupflöcher für Igel (siehe Seite 48).

BÄUME UND STRÄUCHER

Als Nächstes ist das Rückgrat Ihres Gartens an der Reihe: die Bäume und Sträucher. Je nach Ausrichtung (siehe Seite 14–15) sollten Sie erst einmal ein paar heimische Gehölze für die Bepflanzung aussuchen (siehe Seite 182–186). Ganz wichtig: Notieren Sie sich, wie hoch und breit sie mit der Zeit werden, denn davon hängt ab, wohin sie mit welchen Abständen gepflanzt werden müssen.

Dieser Apfelbaum ist ein unübersehbarer Blickfang am Gartenende.

Bäume und Hecken sollten an den Gartenrand kommen, ganz besonders in kleineren Gärten, damit in der Mitte Platz für andere Elemente ist – denken Sie dabei an einen Waldrand oder eine Lichtung in freier Natur (siehe Seite 24). Trotzdem schadet es nicht, einen kleineren Solitär wie zum Beispiel eine Eberesche in Hausnähe zu platzieren, um Vögel anzulocken, die sich von drinnen gut beobachten lassen.

NATURTEICHE

Sobald die Standorte für Bäume und Sträucher festgelegt sind, widmen Sie sich dem Teich. Er kommt idealerweise an eine sonnige Stelle, damit ihn im Sommer Libellen anfliegen. Nicht anlegen sollte man ihn aber unter

Legen Sie einen Teich mit Abstand zur Grundstücksgrenze an, damit Sie rundum guten Zugang haben.

großen Bäumen, denn wenn im Herbst deren Laub in das Wasser fällt, kann er sich schwarz verfärben und unter der hohen Nährstoffzufuhr leiden. Zudem sollte sich das kleine Gewässer nicht in der Nähe von Mauern und Begrenzungen befinden, da es sonst morgens oder nachmittags zu sehr im Schatten liegt. Befindet sich der Teich direkt neben Hecken und Kletterpflanzen, lassen diese sich womöglich schwerer schneiden. Mit anderen Worten: Ideal ist ein Teich in der Gartenmitte.

Viele sind der Ansicht, dass ein Naturteich mit dem Hintergrund verschmelzen und daher in einer Gartenecke platziert werden sollte. Wenn man ihn aber als zentralen Bestandteil begreift oder sogar in Hausnähe anlegt und korrekt bepflanzt, ist er ein höchst ästhetisches Wasserelement und lockt eine enorme Bandbreite von Tieren an.

ARTENREICHE SITZBEREICHE

Terrassen sind ein zentraler Teil vieler Hausgärten. Sie bestehen idealerweise aus einer befestigten Fläche, auf der man sitzen und sich entspannen kann, vor allem in den wärmeren Sommermonaten, wenn man gern draußen isst und trinkt. Auch hier darf man umdenken: Warum statt einer gepflasterten, wasserundurchlässigen Fläche (siehe Seite 23) mit schmalen Zementfugen nicht etwas Tierfreundlicheres anlegen? Für unsere bisherigen Terrassen haben wir immer tief gegraben und dann Sandsteinplatten mit großzügigen Fugen dazwischen verlegt. Die Lücken haben wir mit Erde gefüllt und mit Nektarpflanzen begrünt. Das gefällt bestäubenden Insekten und gleichermaßen den Menschen, die dort sitzen.

Für die Ritzenbegrünung braucht man robuste Arten, die eine grobe Behandlung durch Füße und Stuhlbeine nicht übel nehmen. Für stark frequentierte Flächen eignen sich Thymian, Hornklee, Hufeisenklee, Wundklee und Zistrosen. Kräuter wie Dost und Schnittlauch setzt man dagegen an die Ränder, ebenso wie Lavendel und Ysop. Das sind lediglich Empfehlungen; experimentieren Sie selbst und Sie werden überrascht sein, was sich in Pflasterfugen alles selbst aussät und gedeiht. Eines aber ist sicher: Terrassen mit begrünten Ritzen begeistern durch ihre Farbe, ihren Duft und interessante Besucher wie Bestäuber.

VERBINDUNGSWEGE

Die Hauptelemente im Garten sind nun dort, wo sie hingehören – jetzt gilt es, sie miteinander zu verknüpfen. Zwei Fragen sollten Sie sich stellen: Wo kommen die Wege hin? Und: Welches Material verwende ich für sie?

Zuerst müssen Sie herausfinden, welche Bereiche Sie regelmäßig aufsuchen, etwa einen Schuppen, Komposthaufen oder Naturteich. Dorthin brauchen Sie strapazierfähige Wege. Wie wollen Sie dorthin gelangen? Soll es ein gerader Weg sein oder einer, der auf eine Rundtour durch den Garten führt? Nachdem diese praktischen Probleme gelöst sind, können Sie sich den Bereichen mit geringerem Verkehrsaufkommen widmen. Vielleicht möchten Sie gern einen Spaziergang am Obstbaum vorbei unternehmen, der Sie zu gegebener Zeit mit schmackhaften Geschenken beglückt, dann auf einer Bank neben dem Teich Rast machen und vor der Rückkehr ins Haus schließlich noch über den Blumenrasen laufen?

Sobald Sie eine gewisse Vorstellung vom Wegenetz durch Ihren Garten haben, wird es Zeit, den Belag auszusuchen. Wir verwenden für stark begangene Flächen oft gestampften Kies. Diese wassergebundene Decke sieht natürlich aus, hat weiche Ränder, einen guten Wasserabzug und bietet den Vorteil, dass man keine Betonplatten oder Ziegel verlegen

Verdichteter Kies ist ein hervorragender Belag für stark frequentierte Gartenwege.

muss. Auf einer wassergebundenen Decke zu gehen ist angenehm, man bekommt keine schmutzigen Schuhe und die verdichtete Oberfläche trägt problemlos das Gewicht schwerer Schubkarren. Ebenfalls unproblematisch sind Hackschnitzelwege mit einer Randeinfassung aus Holzstämmen oder -brettern. Zum einen sehen solche »Holzwege« natürlich aus, vor allem wenn sie sich zwischen Bäumen und neben Hecken entlangwinden, zum anderen zersetzen sich die Späne mit der Zeit und sind daher ein wertvolles Totholzhabitat (müssen aber gelegentlich aufgefüllt werden). Besorgen Sie sich nachhaltiges Material aus dem Gartencenter oder kontaktieren Sie örtliche Baumpfleger – sie haben oft jede Menge Gehäckseltes übrig.

Auf wilden, grasbewachsenen Flächen, die wenig begangen werden, braucht man überhaupt keinen Belag. Mähen Sie einfach einen Weg durch das Gras und machen Sie dabei einen Bogen um Zwiebelpflanzen oder Blumenhorste. Das funktioniert besonders gut von Frühjahr bis Herbst, wenn wir von Natur aus mehr Zeit im Garten verbringen und der Boden trockener ist. Gemähte Graswege sind auch eine Möglichkeit, lästige Vegetation klein zu halten. Mäht man beispielsweise eine Saison lang Ampfer, Disteln und Brombeeren immer wieder, schwächt man sie und bringt sie manchmal sogar völlig zum Verschwinden.

TERRASSEN UND PARKPLÄTZE

Wir haben sie uns bis zum Schluss aufgehoben, da wir nach Möglichkeit versuchen, ganz ohne befestigte Areale auszukommen. Mit jedem Jahr schrumpft der Anteil der Flächen, die noch nicht mit künstlichen Belägen zubetoniert sind. Überall wird versiegelt: in den Städten mit Asphalt, Parkplätzen oder Pflastern – und um unsere Häuser mit Betonsteinen und großen Terrassen. Das Wasser auf diesen Flächen kann nicht versickern, sondern läuft ab und gelangt in das zunehmend überlastete Abwassersystem.

Versuchen Sie bei Terrassen und Parkplätzen auch den Wasserabzug und die Begrünung mit Wildblumen in die Gleichung mit einzubeziehen. Wenn Sie vor dem Haus unbedingt einen Autostellplatz brauchen, verwenden Sie Kies als Belag. Er lässt das Regenwasser langsam versickern und eignet sich als Lebensraum für Wildblumen. Wundklee und Natternkopf setzen sich nur zu gern zwischen den Steinchen fest, während an den kiesigen Randrabatten nicht heimische Schönheiten wie Rote Spornblume und Patagonisches Eisenkraut gedeihen. So entsteht ein einladender Vorgarten, der zugleich Bestäubern reichlich Anreize für einen Besuch bietet.

Wenn Sie unbedingt pflastern möchten, lassen Sie viel Platz zwischen den Steinen und pflanzen Sie niedrige Arten in die Lücken.

NATÜRLICH BEGRÜNEN

Inzwischen wissen Sie, wo sich alle festen Bestandteile Ihres Gartens, einschließlich Bäumen und Sträuchern, einmal befinden sollen. Nun wird es Zeit, sich an die übrige Begrünung zu machen. Denn gerade diese weicheren Elemente hauchen einem Garten erst so richtig Leben ein.

WALDRANDFLAIR

Ein gelungener Naturgarten ist natürlichen Habitaten nachempfunden und soll der Tierwelt ein »Zuhause fernab von zu Hause« bieten. Damit das gelingt, sollte man sich vergegenwärtigen, was in freier Natur ein optimaler Lebensraum ist: der Waldrand. Diese Mischung aus Bäumen, Sträuchern und Wildblumen in Kombination mit Sonne und Schatten bietet allen möglichen Lebewesen von Dachsen über Blaumeisen bis hin zu Blattläusen und Ameisen Nahrung und Unterschlupf.

Was aber bedeutet das für die Gartengestaltung? Das Essenzielle, so kann man zusammenfassen, ist die richtige Höhenstaffelung. Bäume und größere Sträucher am Gartenrand (siehe Seite 28–57) geben den Rahmen für die übrige Vegetation vor, also die kleinen Sträucher, Nektarrabatten usw. Diese kleineren Pflanzen werden eher zur Gartenmitte hin platziert. So entsteht eine Art Waldlichtung, wo man Teiche oder Blumenwiesen nach Belieben unterbringen kann. Natürlich muss man sich nicht sklavisch an diese Vorgabe halten. Wenn etwa ein kleiner »Leitbaum« wie eine Eberesche in der Mitte der Wiese stehen soll, damit er Vögel in die Nähe des Hauses lockt, von wo aus man sie beobachten kann, ist dagegen nichts einzuwenden. Trotzdem ist das Waldrandkonzept unserer Ansicht nach ein guter Ausgangspunkt für die Planung eines tierfreundlichen Gartens jeder Größe und Ausrichtung. Geben Sie ihm eine Chance.

NEKTARRABATTEN

Diese Blütenmeere (siehe Seite 92–111) sind unverzichtbarer Bestandteil jedes Naturgartens. Sie dienen als Bindeglied zwischen dem Geordneten und Wilden, sind also zum einen jenes geometrisch-formale Element, das sehr viele von einem Garten erwarten, und zugleich eine wichtige Nektarquelle und Brutstätte für zahllose Insektenarten, sofern sie den richtigen Platz haben. Denn sie gehören an sonnige Stellen. Ob sie eher in der Vormittags- oder Nachmittagssonne liegen, hängt von der Ausrichtung des Gartens ab (siehe Seite 14–15). An wärmeren Stellen können Insekten länger nach Nahrung suchen, was wiederum Vögel und andere größere Lebewesen in den Garten lockt. Nektarreiche Blüten kaschieren optisch außerdem die harten Linien am Fuß von Zäunen und Mauern.

WIESEN UND RASEN

Das Schöne an einer Wiese ist, dass sie jede beliebige Form haben kann. Das prädestiniert sie dafür, als Letztes in Angriff genommen zu werden – nämlich dann, wenn man bereits weiß, wo alles andere hinkommen soll. Auch ihre Größe ist beliebig. Wir haben schon ganze 2 m^2 in blühendes Grasland verwandelt. Zusätzlich zu einer Blumenwiese kann ein auf hoher Stufe gemähter Blumenrasen (siehe Seite 134–141) als perfekter Übergang zwischen dem geometrischen Umriss einer Terrasse und einer naturnahen Wiese am hinteren Ende eines Gartens dienen. Es gibt sogar Wildblumen-Rollrasen, mit dem man die Wiese frei Haus bekommt. Er lässt sich als Blumenwiese weiterkultivieren oder mit den Jahren zum Blumenrasen umwandeln. Wichtig ist nur, dass man eine kunststofffreie Variante kauft.

VERTIKALE FLÄCHEN

Nur zu gern konzentriert man sich bei der Gartenplanung auf flache Bereiche wie Terrasse, Rasen, Teich und Wege. Dabei kann man durch Nutzung vertikaler Flächen den Wert von kleinen Gärten oder Balkonen als Lebensraum für Tiere enorm erhöhen. Wenn etwa Ihre Grundstücksgrenze zum Teil aus einer Garagenwand besteht, versuchen Sie doch, Drähte horizontal davor zu spannen und daran Kletterpflanzen zu ziehen, etwa die Gewöhnliche Waldrebe oder ein Geißblatt. Hölzerne Bögen oder Pergolen lassen sich als Stütze für Kletterer nutzen und sind zugleich das ideale Versteck für Schmetterlingspuppen – wir haben schon einmal 15 Exemplare an der Unterseite einer einzigen Pergolastrebe gezählt. Selbst als Tummelplatz für Hausspatzen oder Umgebung für Rotkehlchen-Nistkästen (siehe Seite 160–165) sind begrünte vertikale Flächen bestens geeignet.

EINEN PLAN ZEICHNEN

Sobald Sie eine Vorstellung davon haben, was Ihr Naturgarten enthalten soll, wird es Zeit für einen Plan. Rechts haben wir einen 10×15m großen Garten mit Terrasse, Rasen, gemischten Rabatten und einigen bestehenden Bäumen am hinteren Ende. Gegenüber sieht man, wie der Garten nach der Umgestaltung aussehen könnte – und wie viele Habitate sich in ihm unterbringen lassen.

Vorher

1 Die meisten bestehenden Bäume und Sträucher übernehmen wir, da sie ein Lebensraum für Vögel und Fledermäuse sind. Um eine Waldrandatmosphäre zu schaffen, ergänzen wir sie um weitere Arten.

2 Genutzt werden auch die vertikalen Flächen. Wir befestigen an den Begrenzungen links und rechts Rankhilfen und begrünen sie mit Kletterpflanzen. Dieser »wilde Zaun« bietet Vögeln ideale Bedingungen (siehe Seite 46–51).

3 Diese Hecke am rechten Rand dient Vögeln als Korridor. In ihm können sie sich den Garten entlangbewegen, um zum Vogelhäuschen zu gelangen, das im Blumenrasen aufgestellt ist.

4 Der Naturteich befindet sich in der Gartenmitte, weit weg von den Gehölzen, damit sie ihn weder beschatten noch mit Laub verschmutzen können. Er ist der Blickfang des Gartens und ohne Zweifel das Element, das am meisten Tiere anlockt.

5 Die T-förmige Nektarrabatte ist eine farbenfrohe Bereicherung des Terrassenrands. Hier können die Eigentümer gemütlich sitzen und Bienen sowie Schmetterlinge genießen. Der Standort wurde so gewählt, dass sie die meiste Zeit von der Sonne beschienen wird.

6 Einen Teil der bestehenden Rasenfläche haben wir zu einem Blumenrasen umgewandelt. Er bildet den Übergang zwischen der geometrischen Pflasterfläche und der Wildblumenwiese dahinter (bis zur gestrichelten Linie) und wird regelmäßig auf hoher Stufe gemäht.

7 Im Sommer ist die Wildblumenwiese im Garten die Hauptattraktion für Insekten. Sie wird im Gegensatz zum Blumenrasen nur einmal im Jahr gemäht, doch könnte man bei Bedarf auch ein, zwei Wege durch sie hindurchmähen.

8 Am Rand der Gehölzgruppe steht eine Bank. Sie ist der ideale Platz, um die Flora und Fauna im Garten zu genießen. Im Sommer spenden die Bäume dahinter Schatten.

9 Der Komposthaufen (siehe Seite 156–159) sollte dort platziert werden, wo er viel Sonne hat. Die höheren Gewächse der Nektarrabatte kaschieren ihn, sodass er vom Haus nicht zu sehen ist.

10 In und neben der Gehölzgruppe befinden sich Holzstöße. Sie dienen Tieren als Lebensraum und zum Überwintern. Andere Stapel sind dort aufgeschichtet, wo sie von der Morgensonne beschienen werden, damit Reptilien und Amphibien dort auf Betriebstemperatur kommen können.

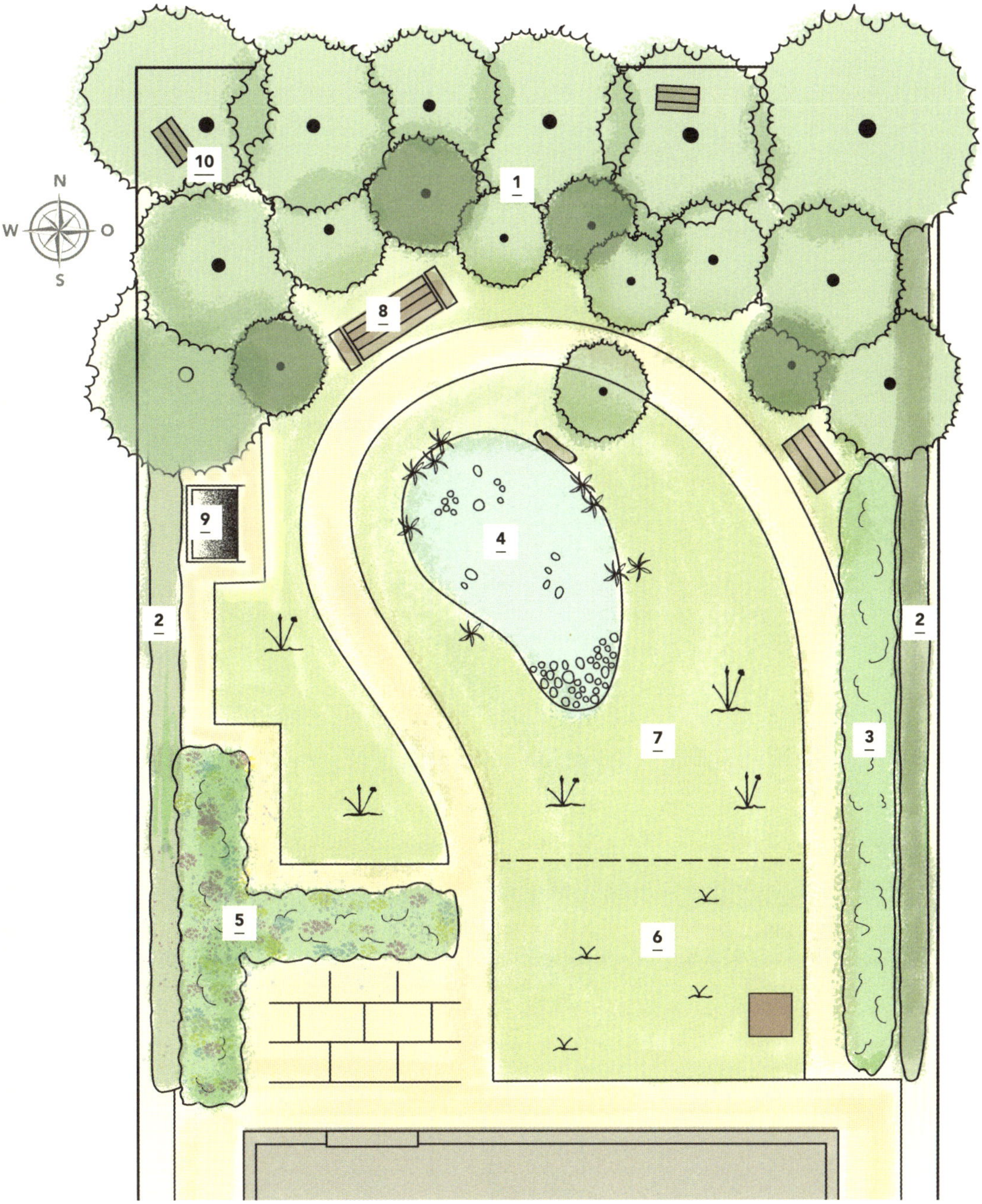

Nachher

BÄUME UND STRÄUCHER

Versuchen Sie Bäume und Sträucher mit ganz neuen Augen zu sehen: als vielfältige Lebensräume, Orientierungspunkte für fliegende Tiere, eine natürliche Form von Hochwasserschutz und wertvolle Kohlenstoffdioxidspeicher.

EINFÜHRUNG

Wenn wir den Waldrand aus ökologischer Perspektive betrachten, wird schnell klar, warum er so vielfältig ist. Wo der Wald an einen anderen Lebensraum grenzt, sei es eine grasbewachsene Lichtung, ein Stück Heide- oder Hügelland mit Sträuchern oder eine Dünenlandschaft, die bis an die Küste reicht, ist die Übergangszone ein Ort großer Biodiversität mit entsprechend vielen Pflanzen- und Tierarten. Und es werden noch mehr, wenn sich ein Teich oder See in der Nähe befindet.

Was aber bedeutet das für Hausgärten? Zum einen sind auch Gärten in vielerlei Hinsicht ein großartiges Tierrefugium. Man stelle sich nur einen Vogel vor, der über eine Vorstadtsiedlung fliegt. Er hält vor allem Ausschau nach einem Baum von ordentlicher Größe oder, besser noch, einer dichten Gruppe aus Bäumen und Sträuchern unterschiedlicher Höhe und Dichte – einem Miniwäldchen also. Zum anderen können Bäume eine wichtige Orientierung für fliegende Tiere sein. Eine Fledermaus, die sich nach Einbruch der Dunkelheit aus ihrem Versteck wagt, braucht bei der Jagd nach Fluginsekten Bäume, Hecken und Gehölzgruppen als Navigationspunkte. Und drittens liefern Bäume und Sträucher vielen Arten Nahrung. Unzählige

Bäume und Sträucher sind das Rückgrat eines Gartens. Ein tierfreundlicher Naturgarten ohne sie ist schlichtweg nicht möglich.

Wirbellose leben auf oder im Laub, ob im Larven- oder adulten Stadium, während die Früchte und Samen größeren Tieren als Nahrung dienen. Beispiel: die Eberesche, auch Vogelbeere genannt. Von ihren Blättern ernähren sich im Frühjahr die Larven vieler Schmetterlinge, etwa Schleheneule und Zitronenfalter. Im Sommer tun sich Bienen und andere Bestäuber am Nektar der Blüten gütlich. Von den reifen Beeren naschen später Stare und Seidenschwänze im Winterquartier. Und selbst die verrottenden Zweige auf dem Boden werden noch von Käferlarven verwertet.

Sträucher und Bäume sind für uns und unsere Umwelt ausgesprochen segensreich. Sie binden nicht nur Kohlenstoffdioxid und erzeugen Sauerstoff, sie absorbieren auch große Mengen Wasser und dienen damit als Hochwasserschutz. Im Sommer kühlen größere Bäume die Umgebung mit ihrem Schatten, während im Herbst das Laub den Boden mulcht.

In diesem Kapitel erfahren Sie, wie Sie Gehölze kreativ in Ihrem Garten einsetzen. Selbst wenn Sie der Ansicht sind, dass Sie keinen Platz für sie haben, sehen Sie sich erst unsere Vorschläge an (siehe Seite 182–186). Wir meinen, ein Naturgarten ohne Bäume und Sträucher ist nicht möglich.

Die Naturhecke ist ein Spiegel der Jahreszeiten und bringt Sie der heimischen Tierwelt näher.

DIE NATURHECKE

Im typischem Bild einer bäuerlichen Kulturlandschaft dürfen Feldhecken, die sich durch die Äcker weben, nicht fehlen. Diese wunderschönen lebenden Teppichmuster sind jedoch mehr als nur Raumteiler, die zwei Parzellen trennen: Sie dienen der Tierwelt als kostbares Refugium und lebenswichtiger Korridor zwischen verschiedenen Habitaten.

Wer sich so leidenschaftlich für die Fauna interessiert wie wir, der weiß, wie erstaunlich belebt eine durchdachte Hecke sein kann. Falls Sie bereits ein solches Biotop haben, tun Sie seinen Bewohnern einen großen Gefallen, wenn Sie das Schneiden etwas flexibler handhaben (siehe Seite 39) und vor allem zur rechten Zeit die Schere ansetzen – idealerweise nach dem Reifwerden der letzten Winterbeeren und vor Beginn der Brutzeit.

Noch mehr Gutes aber bewirken Sie, wenn Sie einen alten Zaun oder eine Ziegelmauer als Grundstücksgrenze haben. Lesen Sie einfach weiter und erfahren Sie, wie Sie diese Elemente durch eine Naturhecke ersetzen.

Wenn Sie Ihre Hecke nicht zweimal im Jahr kastenförmig zurechtstutzen, ist Ihnen der Dank der Tierwelt sicher.

1

Wir schneiden neue Hecken radikal bis auf eine Höhe von 15–20 cm zurück, damit sie dicht wachsen. Das Foto oben wurde nach dem Heckenschnitt (und anderen Schneidearbeiten) gemacht. Im Streifen links sind gerade noch die verbliebenen Stümpfe zu erkennen.

2

Wir halten den Boden unter den Hecken in den ersten zwei, drei Jahren unkrautfrei. So haben die Gehölze keine Nährstoffkonkurrenz und wachsen rascher ein.

3

Innerhalb von vier bis fünf Jahren bildet sich eine vollständige, eingewachsene Hecke. Sie lockt zahlreiche Gartenbesucher an, unter anderem nistende Vögel.

WAS PFLANZEN?

Die meisten Sträucher und Bäume eignen sich als Heckenpflanzen, wenngleich größere Bäume in kleineren Gärten vielleicht fehl am Platz sind. Alle Arten der Pflanzenliste auf Seite 182–186 gedeihen in der Sonne. Falls die Hecke allerdings im Schatten liegt, sollte man sich auf Stechpalmen, Eiben, Hartriegel, Haseln und Liguster beschränken. Wir empfehlen mehrere Arten zu pflanzen, damit tierische Gäste im Jahreslauf verschiedene Nahrungsangebote serviert bekommen.

Sie können Ihre Heckengewächse mit Ballen im Topf oder wurzelnackt kaufen. Wurzelnackte Exemplare sind günstiger und wachsen bei angemessener Pflege ebenso rasch ein wie ihre Gegenstücke aus dem Topf. Zudem lassen sie sich leichter und schneller einpflanzen, was gerade bei längeren Hecken ein Vorteil ist. Kaufen Sie 60–90 cm hohe Gehölze, da sie in dieser Größe leichter zu transportieren sind.

Wurzelnackte Pflanzen sollten immer erst kurz vor dem Pflanzzeitpunkt gekauft werden. Ihre Wurzeln sind vermutlich eingepackt; sie dürfen nicht austrocknen und sollten daher bedeckt bleiben und an einem kühlen, feuchten Platz aufbewahrt werden. Falls sie länger im Voraus gekauft werden, gräbt man irgendwo im Garten ein Loch und schlägt sie dort ein, bis man sie an ihren endgültigen Platz setzen kann.

DEN BODEN VORBEREITEN

Pflanzen Sie die Hecke am besten im Herbst. Sie muss, je nach Bundesland, mindestens 0,5–1 m von der Grundstücksgrenze entfernt gesetzt werden. Das ist auch sinnvoll, sonst sind Sie ständig damit beschäftigt, sie auf der Außenseite zu schneiden, damit die Äste nicht zu weit zum Nachbarn oder auf den Gehweg ragen.

Sobald der exakte Standort und Verlauf der Hecke feststeht, sollten Sie den Boden vorbereiten, damit die Pflanzen optimal in

Pflanzentipps

Erle
Faulbaum
Feld-Ahorn
Gewöhnlicher Schneeball
Hartriegel
Hasel
Holzapfel
Hunds-Rose
Kreuzdorn
Liguster
Sal-Weide
Spindelstrauch
Weißdorn
Wolliger Schneeball

ihr neues Dasein starten können. Graben Sie dazu einen etwa 50 cm breiten Streifen um und entfernen Sie Steine, Unrat und sämtlichen Bewuchs aus der Erde. So bekommen Sie einen lockeren Boden, in dem sich die frischen Wurzeln bestens ausbreiten können. Zum Schluss arbeiten Sie organische Substanz wie Komposterde oder Laubhumus ein, um den Nährstoffgehalt zu erhöhen. Ideal ist eigene Komposterde (siehe Seite 156–159).

DIE HECKE PFLANZEN

Sobald der Boden gut vorbereitet ist, geht es ans Pflanzen. Die Faustregel dafür lautet: 25 cm Abstand zwischen den einzelnen Exemplaren einer durchgehenden Reihe, Siebenerblöcke für jede Art (z. B. 7 × Weißdorn, 7 × Feld-Ahorn usw.). Die Gehölze wachsen rasch ein und bilden eine dichte, abwechslungsreiche Hecke. Graben Sie, wie auch bei anderen Bäumen und Sträuchern, für jede Pflanze ein Loch, in das die Wurzeln locker hineinpassen und dessen Boden nicht verdichtet ist. Jedes Gehölz wird so hineingesetzt, dass sich der Ansatz der obersten Wurzeln exakt auf Bodenniveau befindet. Die Pflanze muss also genauso tief stehen wie zuvor. Anschließend das Loch wieder mit Erde füllen und den Boden mit den Füßen festtreten. Gießen Sie die Pflanzen gut an, besonders wenn es noch trocken und mild ist. Zum Schluss verteilt man eine 5 cm dicke Lage Mulch – Hackschnitzel oder Komposterde – auf dem Wurzelraum.

Innerhalb der nächsten ein, zwei Monate schneiden Sie die neue Hecke so stark zurück, dass lediglich 15–20 cm hohe Triebe stehen bleiben. Das mag radikal wirken, doch regt man damit wie beim »Auf-den-Stock-Setzen« (siehe Seite 40–45) die Jungpflanzen zur vermehrten Bildung frischer Triebe an, wodurch eine dichtere und wüchsigere Hecke entsteht.

LEBENSRAUM

Viele Vogelarten nutzen Hecken als Orientierung, Sitzplatz, Versteck und Nahrungsquelle. Grasmücke, Hänfling und Goldammer bauen ihre Nester während der Brutzeit sogar fast ausschließlich in Hecken.

A Weißdorn (links) und Gewöhnlicher Schneeball (rechts) **B** Im frischen Austrieb einer gemischten Hecke kann es von Insekten wimmeln. **C** Damit die Hecke immer genügend Beeren trägt, schneiden Sie jedes Jahr nur eine Seite.

A B C

Gut für

Amsel
Aurorafalter
Dorngrasmücke
Goldammer
Heckenbraunelle
Hänfling
Igel
Rotkehlchen
Waldmaus
Zwergfledermaus

Fledermäuse nutzen Hecken als Orientierung, wenn sie in der Dunkelheit Insekten jagen. Waldmäuse und Igel durchsuchen den Boden unter den Gehölzen nach Nahrung. Und viele Schmetterlingsarten legen Eier auf die Blätter ihrer jeweiligen Wirtspflanze.

Wenn Sie Knoblauchsrauke unter der Hecke aussäen, schaffen Sie einen idealen Lebensraum für den Aurorafalter (siehe oben). Schneiden Sie in diesem Fall die Hecke aber nicht vor April, damit der Falter Zeit hat, sich zu verpuppen.

PFLEGE

Ist die Hecke erst gepflanzt, dauert es nicht mehr lange, bis der Frühling seinen Zauber entfaltet. Im April treiben die geschnittenen Gehölze neu aus. Man sollte sie im ersten Jahr gut wässern, damit sich das Wurzelsystem optimal entwickelt, und Unkraut jäten, da es ihnen Nährstoffe nimmt.

1 Die Knoblauchsrauke ist ein bevorzugter Lebensraum des Aurorafalters. Auf sie legt er seine Eier ab. **2** Die Raupen des Schmetterlings haben die gleiche Farbe wie die Schoten der Pflanze. **3** Perfekt getarnt: die Puppe des Aurorafalters. **4** Den Schmetterling kann man von April bis Juni beobachten.

Im zweiten Jahr legt die Hecke so richtig los und wächst kräftig. Manche Arten wie Sal-Weide und Hunds-Rose können jetzt schon das erste Mal geschnitten werden, bei anderen muss man eventuell noch bis mindestens zum dritten Jahr warten. Auf jeden Fall sollte man so wenig wie möglich schneiden und sich dabei vor allem an den Tieren orientieren, die die Hecke in Anspruch nehmen. März ist unserer Ansicht nach für einen Schnitt ideal. So lässt man Vögeln und anderen Besuchern die Beeren der letzten Saison, stört sie aber noch nicht beim Nisten. Eine Ausnahme braucht lediglich die Knoblauchsrauke: Wird sie mit dem Heckenschnitt abgemäht, unterbricht man damit den Lebenszyklus des Aurorafalters (siehe gegenüber).

Ein guter langfristiger Plan sieht so aus, dass jede Seite einmal in drei Jahren geschnitten wird. So kann man beispielsweise im ersten Jahr die Oberseite der Hecke schneiden, im nächsten Jahr die dem Garten zugewandte Front und im dritten Jahr die Außenseite. Bei älteren Hecken hat dieses zurückhaltende Vorgehen den Vorteil, dass die Heckengehölze jedes Jahr Beeren tragen und Tieren genügend Schutz bieten.

Schaffen Sie ein Mosaik aus Lebensräumen, das Vögeln und anderen Tieren Schutz und reichlich Nahrung bietet.

AUF DEN STOCK GESETZT

Wenn wir an Wildtiere im Garten denken, kommen uns meist als Erstes Vögel in den Sinn, etwa das zutrauliche Rotkehlchen, dem wir zusehen, während wir eine Rabatte umgraben, oder die neugierige Blaumeise, die den neuen, soeben erst aufgehängten Nistkasten in Augenschein nimmt (siehe Seite 160–165).

Es gibt viele Möglichkeiten, Vögel in den Garten zu holen. Ein Biotop, das sie mit der Aussicht auf Nahrung und Schutz in Scharen anlockt, ist ein regelmäßig auf den Stock gesetzter Gehölzgürtel. Bei dieser alten Methode, die früher in der Niederwaldwirtschaft praktiziert wurde und derzeit im Garten als »Coppicing« eine Renaissance erlebt, werden Gehölze

Regelmäßig auf den Stock gesetzte Gehölzgruppen bieten Vögeln wie Kohlmeisen (oben) und Hausspatzen (unten) Versteck und Nahrung.

1

Wir haben Stöcke im Umkreis bestehender Bäume in den Boden gesteckt, um den besten Platz für die neuen Coppicing-Gehölze auszuloten.

2

Wir bepflanzen Coppicing-Gürtel relativ spärlich, damit einzelne Bäume und Sträucher eher blühen und fruchten, während sie einwachsen.

3

Dieses Bild entstand zwei Jahre nach dem Anpflanzen des Coppicing-Gürtels. Es zeigt, wie schnell die Bäume und Sträucher gewachsen sind. Eine Reihe Hänge-Seggen unter den Bäumen verhindert die Ausbreitung von Acker-Kratzdisteln und ergänzt das dichte, vogelfreundliche Habitat.

bis fast auf den Boden zurückgeschnitten, also radikal gekappt. Durch diesen Rückschnitt, der zwischen Dezember und Februar erfolgen muss, gelangt Licht auf den Waldboden, was die Bildung von dichtem Unterwuchs fördert.

Wir experimentieren seit vielen Jahren mit dem Coppicing und haben herausgefunden, dass auf den Stock gesetzte Gehölze den größten Nutzen bringen, wenn sie als »Gürtel« gepflanzt werden, etwa an einer Grundstücksgrenze. Vögel nutzen diese Streifen als natürlichen Korridor, in dem sie sich geschützt von Garten zu Garten bewegen können. Ein durchdachter Coppicing-Gürtel liefert zahlreichen Arten wertvolle Nahrung.

WAS PFLANZEN?

Das A und O eines guten Coppicing-Gürtels ist Vielfalt. Pflanzen Sie mindestens fünf verschiedene einheimische Baum- und Straucharten (siehe Listen auf Seite 182–186), die sich in Habitus und Wüchsigkeit unterscheiden. So kann man beispielsweise mit einer Kombination aus schlanken Birken über breiten Haselsträuchern die natürliche Vegetation an Waldrändern nachempfinden. Berücksichtigen muss man ferner die unterschiedliche Breite der Pflanzen, die Teil eines Coppicing-Gürtels sein sollen (siehe unten). Die Höhe ist hier nicht so wichtig, da die Gehölze ja alle vier bis sieben Jahre gekappt werden. Wo Platz Mangelware ist, kann man statt Bäumen auch Sträucher setzen und sie immer wieder unter Zaunhöhe zurückschneiden.

WIE WIRD GEKAPPT?

Bestimmen Sie zunächst den Coppicing-Bereich: Mindestens 5 m² sollten es schon sein – das reicht für fünf Bäume oder Sträucher in 2-m-Abständen.

Pflanzen Sie die Bäume und Sträucher am besten im Spätherbst oder im zeitigen Frühjahr. Wir empfehlen wurzelnackte Exemplare, da sie preiswerter sind als Ballenware, ansonsten aber werden sie auf die gleiche Weise gepflanzt. Schätzen Sie

Pflanzentipps

Eberesche
Erle
Esche
Espe
Faulbaum
Gewöhnlicher Schneeball
Hänge-Birke
Hasel
Kreuzdorn
Sal-Weide
Spindelstrauch
Ulme
Vogel-Kirsche

Waldmäuse sind ausgezeichnete Kletterer. Man entdeckt sie oft im Geäst von Hecken und Unterholz.

den Durchmesser des Wurzelsystems von jedem Exemplar und heben Sie ein Loch aus, das etwas breiter und tiefer ist. Holen Sie größere Steine und Unrat aus der Pflanzgrube, lockern Sie den Boden mit dem Spaten bzw. der Grabegabel und arbeiten Sie Mulch oder Stallmist ein. Dann pflanzen Sie die Pflanze so ein, wie sie vorher stand – der Übergang zwischen dunkler und heller Stelle am Stamm muss sich also exakt auf Bodenniveau befinden. Füllen Sie den Aushub in das Loch zurück und treten Sie ihn fest.

Pflanzen Sie die Gehölze in zwei leicht gestaffelten Reihen. Jede vierte Pflanze sollte etwas größer sein. In den hinteren Bereich kommen mehrstämmige Gehölze wie Birke, Vogel-Kirsche und Eberesche, nach vorne eher Faulbaum, Schneeball und Spindelstrauch. So entsteht eine dichte Vegetation, die die Vögel vor starkem Wind und Fressfeinden schützt.

WELCHEN TIEREN NÜTZT DAS?

Die sichtbarsten Bewohner einer Coppicing-Hecke sind Vögel. Arten wie der Erlenzeisig kommen in Scharen, um sich die Beeren und Samen der verschiedenen Gehölze zu holen. Andere, darunter auch Grasmücken, schlagen sich den Bauch mit den vielen Insektenlarven voll, die sie im Geäst aufspüren. Sehenswert sind die Raupen des Großen Gabelschwanzes auf Espe und Sal-Weide und die der Großen Birkenblattwespe auf Hänge-Birken.

Mit der Zeit sammelt sich unter der Hecke eine Lage aus Laub und Ästen an, die unterschiedlichste Säugetiere, Reptilien und Amphibien anlockt.

Gut für

Birkenblattwespe
Birkenzeisig
Dompfaff
Erlenzeisig
Gartengrasmücke
Großer Gabelschwanz
Igel
Mönchsgrasmücke
Schwanzmeise
Zilpzalp
Zitronenfalter
Zwergfledermaus

PFLEGE

Coppicing-Gürtel brauchen in den ersten drei bis fünf Jahren keine Pflege. Man lässt die Gehölze einfach einwachsen und größer werden.

Sobald die höchsten Bäume oder Sträucher die Idealhöhe erreicht haben, wird es Zeit, sie auf den Stock zu setzen. Schneiden Sie zwischen Dezember und Februar etwa ein Fünftel der Gehölze radikal zurück, sodass nur noch ein Stumpf von jeweils 5–10 cm Höhe bleibt. Einige Monate später, also im Frühjahr, treiben sie normalerweise wieder frisch aus. Dieses Coppicing wird von nun an jeden Winter an jeweils einem Fünftel der Bäume und Sträucher durchgeführt. So ist dafür gesorgt, dass immer ein gesundes, dynamisches Gleichgewicht zwischen älterem Wuchs und frischem Neuaustrieb aus den sich regenerierenden gekappten Pflanzen bestehen bleibt.

Wer genug Platz hat, kann auch den einen oder anderen Baum zu einem größeren Exemplar heranwachsen lassen. Damit schafft man einen guten Landeplatz für Vögel, die sich von dieser hohen Warte aus durch das dichte, verlockende Astwerk weiter nach unten vorarbeiten können.

Verwandeln Sie einen nichtssagenden Zaun in ein lebendiges Habitat für Vögel und Insekten – mit minimalem Platzaufwand.

NATURZÄUNE

Hand aufs Herz: Die meisten Zäune sind schlichtweg hässlich. Die typische Einfassung eines Durchschnittsgartens besteht aus einem Maschendrahtzaun oder 1,8 m hohen Holzpaneelen, oft noch mit Sockelbrettern am unteren Ende. Ganz gleich, woraus Zäune gefertigt sind, ob aus Holz oder Metall, sie dienen in der Regel als Grenzlinien, die zeigen, wo ein Garten endet und der nächste beginnt. In vielen Gegenden muss man nur aus einem Fenster im ersten Stock eines Hauses sehen, um zu verstehen, wie begrenzungsversessen wir sind. Man sieht einen Garten neben dem anderen, alle sauber eingegrenzt, um den Bewohnern die Privatsphäre zu sichern und Tiere, aber auch Nachbarn fernzuhalten.

Wenn es nach uns ginge, würden wir alle Zäune im Land einreißen und sie durch Hecken ersetzen (siehe Seite 32–39). Hätten wir mehr solcher natürlicher Tierkorridore, würde die Natur enorm profitieren. Unzählige Arten von Tieren, angefangen von Käfern bis hin zu Vögeln, fänden dort

Werden vertikale Flächen wie in diesem Garten optimal genutzt, profitiert auch die Tierwelt von Ihrem grünen Raum.

Nahrung, Schutz und Brutplätze. Trotzdem sind Hecken natürlich nicht immer die praktischste Begrenzung, vor allem wenn man das ganze Jahr Privatsphäre schätzt oder den Nachbarshund fernhalten möchte. Eine weitere Rolle spielt das Platzangebot: Nicht alle sind mit einem Garten gesegnet, der groß genug für eine Hecke ist. Wenn Sie also um eine feste bauliche Begrenzung nicht herumkommen, warum nicht das Schema F durchbrechen und eine nichtssagende vertikale Barriere in eine lebendige grüne Oase verwandeln, ohne den Nachbarn in Rage zu versetzen?

KONSTRUKTION

Einen tierfreundlichen Zaun zu errichten ist überraschend einfach: Sie müssen nur zwei Reihen von Begrenzungen statt einer aufstellen. Die erste, die direkt an das Nachbargrundstück grenzt, kann aus herkömmlichen Holzpaneelen bestehen. So ist sichergestellt, dass der Nachbar eine saubere, aufgeräumte Wand vor sich hat. Wenn eine solche Begrenzung bereits existiert, ist das schon die halbe Miete. Andernfalls müssen Sie sie erst installieren – online finden Sie dazu jede Menge Bauanleitungen.

Falls Sie einen Zaun komplett neu errichten, brauchen Sie am unteren Ende der Paneele Sockelbretter. In sie werden etwa mehrere 13x13cm große Löcher geschnitten. Die Löcher halten Katzen und Hunde fern, sind aber groß genug, um Igeln als Durchschlupf zu dienen. Auch Tore sollten unten eine Lücke für Wildtiere haben.

Wenn Sie mit Ihrem neuen Zaun zufrieden sind, können Sie sich an die zweite Reihe machen. Sie wird aus stabilen Kletterhilfen errichtet. Befestigen Sie zunächst als Abstandhalter einige rund 10cm dicke Holzklötze in gleichmäßigen Abständen am oberen und unteren Rand des äußeren Paneelzauns. Anschließend werden Kletterhilfen an diese Blöcke geschraubt. So entsteht ein Hohlraum zwischen zwei Zäunen, den Wildtiere eines Tags mit Vorliebe für sich in Beschlag nehmen werden.

Pflanzentipps

Brombeeren ohne Dornen
Clematis (Wildformen)
Efeu
Feld-Rose
Feuerdorn
Hopfen
Hunds-Rose
Winter-Jasmin
Wald-Geißblatt

1

Unser Auftraggeber wollte einen Naturgarten, sein Nachbar bestand auf einem glatten Bretterzaun. So entstand dieses tierfreundliche Design.

2

Wir integrierten ein paar Nistkästen im Zaun – als Anreiz für gefiederte Gäste, sich im Garten unseres Auftraggebers häuslich niederzulassen.

3

Ist Platz knapp, zählt Kreativität. Dieses Rankgitter führten wir hinter einem Teich und Komposthaufen vorbei, sodass noch viel Platz für den Blumenrasen blieb.

4

Dieses Foto wurde 18 Monate später aufgenommen. Der Naturzaun zeigt sich in ganzer Pracht: Er wurde von Kletterpflanzen erobert und lässt viel Platz für Tiere.

WAS SOLL GEPFLANZT WERDEN?

Bei der Begrünung einer Freifläche konzentriert man sich nur zu gern ausschließlich auf das »Flachland«, also auf Rasen, Wiesen, Rabatten usw. Mit einer Rankhilfe können Sie allerdings auch vertikale Flächen nutzen. Kletterpflanzen bringen bei minimalem horizontalem Platzbedarf viel Grün in den Garten. Sie sind damit erste Wahl für kleine Gärten und machen diese wesentlich tierfreundlicher. Gepflanzt werden sie im Frühjahr oder Herbst.

Wir empfehlen meist eine Reihe heimischer Kletterpflanzen. Das Wald-Geißblatt ist ein echtes Muss: Seine intensiv duftenden Blüten locken Schwärmer an, während sich Vögel und Tagfalter lieber an den reifen Beeren gütlich tun. Hopfen ist nicht nur eine wichtige Zutat für Bier, sondern auch lebenswichtig für den C-Falter, dessen Larven sich von seinen Blättern ernähren. Seien Sie gewarnt: Die wüchsige Pflanze kann im Nu einen ganzen Zaun in Beschlag nehmen, wenn man sie nicht rechtzeitig schneidet. Dann gibt es noch den Efeu. Er wird oft zu Unrecht geschmäht, weil er gern durch Zäune wuchert. Aber wenn man ihn älter werden lässt, blüht er im Spätsommer und liefert damit vielen Bestäubern Nektar zum Saisonausklang. Die Beeren wiederum bringen zahlreiche Vögel durch den Winter und dienen überdies den Raupen der zweiten Generation von Faulbaum-Bläulingen als Nahrung.

Heimische Pflanzenarten sind zwar vorzuziehen, doch kann man auch ein paar Exoten für das Projekt empfehlen. Der Feuerdorn ist ein anpassungsfähiges Gehölz, das mit Sonne und Schatten gleichermaßen zurechtkommt. Sein dichter, dorniger Wuchs bietet Vögeln Schutz, die zudem gern die Beeren naschen. Winter-Jasmin, ein weiterer Gast aus fernen Ländern, wächst ebenfalls recht dicht. Er ist die einzige winterharte Jasmin-Art und liefert Nektarsuchern die ersten Naschereien der Saison.

WELCHEN TIEREN NÜTZEN SIE?

Sobald die Kletterpflanzen gut eingewachsen sind, wird die Lücke zwischen Paneelen und Kletterhilfe zum Schutzraum, den normalerweise eine Hecke liefert, und ist für Igel und Co. sowie eine Reihe von Vögeln attraktiv. Wer mag, kann die Begrenzung für Vögel noch einladender gestalten, indem er Nistkästen integriert. Schlichte Bretter aus Schnittabfall reichen Amseln als Fundament für ihre Nester, während Zaunkönige und Rotkehl-

A Eine Raupe des C-Falters **B** Igel schnüffeln sich mit Vorliebe durch den Unterwuchs eines Naturzauns.

chen Nistkugeln aus natürlichen Materialien, umgedrehte Wasserkessel und sogar Stiefel als Domizil akzeptieren. Igel brauchen Zugang zum Garten, um ihren Bedarf an Schnecken, Würmern und Käfern zu decken. Je mehr Gärten sie durchstreifen können, desto größer ist die Chance, dass sie genug zu fressen finden.

PFLEGE

Ihr Naturzaun braucht ein Minimum an Pflege. Wässern und mulchen Sie die Pflanzen in der ersten Saison gut, damit die Kletterhilfe schnell bewachsen und für die Tierwelt interessant wird. Nachdem der Naturzaun die gewünschte Fläche in Beschlag genommen hat, behandeln Sie ihn ähnlich wie eine Hecke. Mit anderen Worten: Schneiden Sie die Pflanzen im Spätwinter zurück, bevor die Vögel anfangen zu brüten.

Gut für

- Amsel
- C-Falter
- Faulbaum-Bläuling
- Igel
- Rotkehlchen
- Schwärmer
- Zaunkönig

Wer Vögeln, Schmetterlingen und allerlei anderem Getier einen Gefallen tun möchte, sollte sich verschiedene Sträucher zulegen.

TIERFREUNDLICHE STRÄUCHER

Sträucher sind seit Langem fester Bestandteil von Gärten – warum, ist nicht schwer zu verstehen. Viele Arten haben schönes Laub oder auffällig gefärbte Triebe zu bieten, andere öffnen duftende Blüten. Sträucher können Gartenbereiche kaschieren, einen alten Schuppen verschwinden lassen oder Grenzen ziehen. Größere Vertreter lassen sich als Hecken einsetzen (siehe Seite 32–39), kleinere nutzt man manchmal als Raumteiler, um Bereiche in ausgedehnteren Gärten voneinander abzugrenzen. Oft dienen Sräucher aber auch nur dazu, den Hintergrund einer Rabatte zu füllen – eine in der Gartengestaltung so fest verankerte Praxis, dass viele gar nicht wüssten, was sie mit diesen Leerräumen sonst anfangen sollten.

Wir finden, das größte Plus eines Strauchs ist nicht sein Aussehen, sondern sein Wert als Lebensraum für die Tierwelt. Wie mit jedem Gartenelement, ob Rasen, Zaun, Gewässer oder Weg, kann man auch mit Sträuchern die Biodiversität erhöhen. Wenn Sie wissen, was Gartenbesucher von Sträuchern erwarten, können Sie Arten auswählen, die nicht allein Ihre eigenen Bedürfnisse, sondern auch die der Tiere erfüllen.

STRÄUCHER FÜR VÖGEL

Sträucher locken ungeachtet ihrer Größe, Form und Farbe eine Vielzahl von Vögeln an. Sie bieten den Tieren Schutz vor Feinden, einen Nistplatz und reichlich Nahrung, ob direkt in Form von Beeren im Herbst und Winter oder indirekt über die in den Sträuchern lebenden bzw. sie besuchenden Insekten, die sich in den wärmeren Monaten von ihrem Laub und Nektar ernähren. Wenngleich jedoch die meisten Sträucher auf die eine oder andere Art und Weise gut für gefiederte Besucher sind, so gibt es doch eine Reihe besonders nützlicher Arten für die Vogel-Community.

Wie bereits erwähnt, sollten heimische Arten nach Möglichkeit gegenüber nicht heimischen bevorzugt werden. Unter den Koniferen etwa gibt es exotische immergrüne Sträucher wie die Leyland-Zypresse, die oft für große, monotone Hecken verwendet wird. Ringeltauben, Amseln und Drosseln nutzen sie zwar durchaus als Nistplatz, wären aber auch mit heimischen Sträuchern zufrieden, die überdies noch vielen weiteren Vogelarten Vorteile bieten würden, etwa Haussspatzen, Blaumeisen und Schwanzmeisen: Sie ernähren sich vorzugsweise von wirbellosen Tieren, die ausschließlich auf heimischen Sträuchern vorkommen.

1

Diese steile Böschung wurde mit Ginsterbüschen bepflanzt. So entstand ein Habitat speziell für Goldammern und andere Bodenbrüter.

2

Innerhalb von nur 18 Monaten überwucherte der Ginster die Böschung und wurde zum wertvolle Refugium für Goldammern, die im Folgejahr dort brüteten.

A Singdrossel im Efeu **B** Diese junge Blaumeise sitzt in einer strauchigen Hänge-Birke, die auf den Stock gesetzt wurde. **C** Ein Admiral auf einer Sommerflieder-blüte **D** Bestens getarnt auf einem Weißdorntrieb: eine Birkenspannerraupe

Eine in Europa heimische Art, die als »Vogelstrauch« besondere Erwähnung verdient, ist der Stechginster. Das sparrige Gehölz nimmt Heide- und Moorland rasch in Beschlag und lässt seine gelben Blüten weithin in der Sonne leuchten. Als Gartenstrauch wird er nur selten gepflanzt, was vor allem auf sein invasives Verhalten und den dornigen Wuchs zurückzuführen ist. Wer aber etwas Platz für ihn übrig hat, etwa in einem verwilderten, wenig frequentierten Winkel des Grundstücks, tut Vögeln viel Gutes.

Auf Seite 53 zeigen wir im Vorher-Nachher-Vergleich einen Garten, den wir in North Yorkshire angelegt haben. Dort gab es eine steile Böschung aus schwerem Ton, das Überbleibsel eines Naturteichs, der dort ausgehoben worden war. Die einzigen Pflanzen, die mit diesem problematischen Terrain zurechtkamen, waren Acker-Kratzdisteln. Wir entfernten sie, besorgten uns Ginsterbüsche in 9er-Töpfen und bepflanzten die Schräge damit. Nach 18 Monaten hatten sie den ganzen Hang in Beschlag genommen und wurden zu einem wichtigen Habitat für Goldammern und Hänflinge. Im dritten Jahr brüteten die ersten Goldammern in dem Dickicht.

C

D

Sparrige Sträucher wie Ginster brauchen wenig Pflege – ein gelegentlicher Rückschnitt während der Saison und einmal im Winter reicht völlig. Sie sehen vielleicht nicht ganz so geordnet und regelmäßig aus wie perfekt geschnittene Leyland-Zypressen, doch wenn man Sträucher einmal aus einer anderen Perspektive betrachtet und sich durchringt, sie wie in freier Natur wachsen zu lassen und nicht wie in einem traditionellen Gartenkontext zu gestalten, dann holt man sich viele Vögel auf das Grundstück.

STRÄUCHER FÜR SCHMETTERLINGE

Wer Schmetterlinge in einen Garten locken möchte, zieht als Erstes Pflanzen mit nektarreichen Blüten (siehe Seite 92–111), dann Wildblumen (siehe Seite 112–147) in Betracht. Sie sind natürlich wichtig, doch sollte man die Sträucher dabei nicht vergessen. Manche Schmetterlinge fliegen nicht nur auf den Nektar bestimmter Blütensträucher, sie legen ihre Eier ausschließlich auf Blätter bestimmter heimischer Straucharten, die damit für ihren Lebenszyklus von entscheidender Bedeutung sind.

Zitronenfalterraupen verpuppen sich oft in den Sträuchern, von denen sie sich ernährt haben, hier in einem Faulbaum.

Wenn es einen Strauch gibt, der dafür bekannt ist, Schmetterlinge wie magisch anzuziehen, dann der Sommerflieder, aus nachvollziehbaren Gründen auch Schmetterlingsstrauch genannt. Mit seinen violetten, lilafarbenen oder weißen Blüten sieht man ihn oft auf Brachland oder entlang von Bahnlinien wachsen. Man pflanzt ihn an einen sonnigen, geschützten Platz und schneidet ihn Ende März kräftig zurück, damit er im Sommer blüht, wenn sein Nektar am dringendsten gebraucht wird.

VIELFALT IST TRUMPF

Einige unserer Lieblingssträucher für Naturgärten haben wir schon genannt, doch gibt es Dutzende weitere. Manche sind nützlicher als andere, aber es gibt nicht den einen, den wir vor allen empfehlen würden. Wie immer holt man sich die größte Bandbreite von Tieren in den Garten, wenn man viele Arten pflanzt und sich vergegenwärtigt, dass jede Art etwas Einzigartiges beizutragen hat. Stellen Sie die Palette so zusammen, dass Ihr Garten der Fauna das ganze Jahr etwas zu bieten hat, ob Beeren, Blüten oder Laub.

Wenn Sie sich damit überfordert fühlen: Weiter unten haben wir ein paar unserer Favoriten zusammengestellt. Jeder hat gleich mehrere Vorzüge. Manche locken das ganze Jahr zahlreiche Tierarten an, andere tragen exakt dann Beeren, wenn Nahrung generell knapp ist (umfangreichere Empfehlungen finden Sie in der Pflanzenliste auf Seite 182–186).

Welche Arten Sie auswählen und was Sie damit anstellen, ist Ihre Sache. Sie können sie wahllos im Garten verteilen oder zu einer Hecke (siehe Seite 32–39) bzw. einem kleinen Coppicing-Gürtel (siehe Seite 40–45) gruppieren. Wichtig ist nur, dass sie geschützt wachsen, also so viel Sonne und so wenig Wind wie möglich abbekommen.

UNSERE FAVORITEN

Stechpalmen bieten mit ihrem dichten, immergrünen Laub vielen Vögeln Nistgelegenheiten, während die roten Beeren ihnen in den Wintermonaten Nahrung liefern. Im Frühjahr beherbergen die Sträucher zudem die erste Generation des Faulbaum-Bläulings, der seine Eier in die Blüten legt.

Ein ausgesprochen nützliches Vogelgehölz ist auch der Weißdorn, denn er trägt im Herbst reichlich Beeren und bietet im Winter Schutz. Außerdem gehört er zu den besten Insektensträuchern überhaupt: Über 300 Arten fühlen sich zu ihm hingezogen.

Der Holunder, unser vielleicht meistunterschätzter heimischer Strauch, versorgt im Spätsommer vielerlei Vogelarten wie z. B. Mönchs-, Dorn- und Klappergrasmücken mit Beeren.

Dann gibt es noch den Faulbaum, der dem Zitronenfalter als Lebensraum dient. Er bevorzugt feuchte Böden im sauren und neutralen Bereich, doch haben wir ihn auch in normalen Gartenböden mit Erfolg kultiviert.

Erwähnenswert ist auch der Hartriegel. Gartenbesitzer schätzen ihn wegen seiner farbenfrohen Triebe im Winter, er hält im Herbst aber auch Beeren für tierische Besucher bereit. Faulbaum-Bläuling und Grüner Zipfelfalter legen im Frühjahr ihre Eier auf ihm ab.

Zu guter Letzt ist da noch der Gewöhnliche Liguster, ein halbimmergrüner Strauch, der in Wäldern wächst und dort vom Pflaumen-Zipfelfalter bevorzugt aufgesucht wird. Ob Sie diesen Schmetterling in Ihren Garten locken können, ist fraglich, doch der Nektar des Ligusters steht auch noch beim Waldbrettspiel, einem anderen Tagfalter, hoch im Kurs.

GEWÄSSER FÜR TIERE

Wenn es darum geht, möglichst viele Tiere anzulocken und zu beherbergen, geht nichts über einen Teich. Jeder Gartenbesitzer sollte ein solches Wasserelement haben, so klein es auch sein mag.

EINFÜHRUNG

Wir bekommen immer wieder die gleiche Frage zu hören: Wenn ihr nur eine Möglichkeit hättet, um Tiere in den Garten zu locken, was würdet ihr tun? Unsere Antwort darauf ist einfach: einen Teich anlegen.

Ein Teich ist ein Gewässer von relativ geringer Größe und Tiefe. Das kann ein $2\,m^2$ kleiner Gartenteich ebenso sein wie ein ausgedehnteres formales Gewässer in einer Stadtmitte. Entsprechend breit ist das Spektrum der Formen und der mit ihnen verbundenen Habitate.

Der große Bruder des Teichs – und sein Vorbild – ist der Weiher, ein natürlich entstandenes Gewässer, das kleiner ist als ein See. Die Zahl der Weiher ist in den letzten Jahrzehnten zurückgegangen. Die Gründe dafür sind vielfältig: Manche verlanden im Lauf der Zeit, andere werden in landwirtschaftliche Flächen umgewandelt.

Die Biodiversität in Süßgewässern, zu denen neben Seen, Teichen und Tümpeln auch Fließgewässer zählen, ist laut WWF sehr stark zurückgegangen: Sie sank zwischen 1970 und 2012 um 81 Prozent (zum Vergleich: An Land betrug der Rückgang 38 Prozent, im Meer 36 Prozent). Kleingewässer wie Weiher bzw. Teiche und kleinere Seen beheimaten rund zwei Drittel

> Um Tiere in den Garten zu locken, gibt es nichts Besseres als einen Teich.

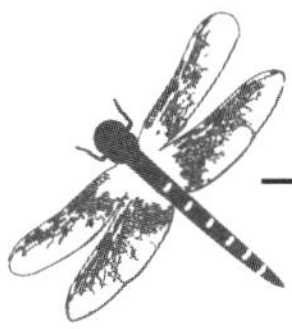

aller Süßwasserarten. Deshalb gibt es gute Gründe, sie zu erhalten oder neu anzulegen. Wobei man eigentlich niemals einen Grund brauchen sollte, ein so wertvolles Habitat zum Wohle der Tierwelt zu schaffen!

Ganz gleich, wo Sie leben, ein tierfreundlicher Teich im eigenen Garten macht sehr viel Freude, sei es durch das Quaken des bescheidenen Grasfroschs im zeitigen Frühjahr, die drachenähnliche Gestalt des Kammmolchs, der aus der Tiefe aufsteigt, oder die Libelle, die einen auf der Jagd nach Insekten umschwirrt, während man am Ufer sitzt.

Naturteiche sind für jeden tierfreundlich angelegten Garten eine Bereicherung. Wer seinen Grund und Boden modern gestaltet, bevorzugt vielleicht einen geometrisch-formalen Teich. Manchmal reicht der Platz auch nur für einen Miniteich in einem Gefäß. Wofür Sie sich auch entscheiden, auf den folgenden Seiten zeigen wir Ihnen, wie Sie ein kleines Gewässer entwerfen, anlegen und pflegen.

Wasser ist der Ursprung allen Lebens. Wenn Sie Ihren privaten Teich mit Geschick planen, werden Sie im Handumdrehen Libellen, badende Vögel und Amphibien bei sich begrüßen können.

Ein guter Teich ist das Herz jedes Naturgartens. Hier kann man Stunden damit verbringen, das Wasserleben in seiner Vielfalt zu beobachten.

NATURTEICHE

Wenn man Wildtiere in seinen Garten locken möchte, gibt es nichts Besseres, als einen einfachen Teich anzulegen. Die übrigen Projekte in diesem Buch zielen auf Förderung spezieller Tierarten ab, doch ein Teich ist ein Rundumschlag, mit dem man jedem Lebewesen etwas Gutes tut. Denn selbst die kleinste Biene braucht hin und wieder einen Schluck Wasser.

TEICHPLANUNG

Der Teich sollte nicht direkt unter oder neben Bäumen und großen Sträuchern angelegt werden, da tiefer Schatten, Falllaub und andere Pflanzenreste Probleme verursachen. Bevor Sie mit dem Graben beginnen, müssen Sie zudem prüfen, ob Rohre und Leitungen am anvisierten Standort verlaufen. Legen Sie den Teich nach Möglichkeit in einem tief gelegenen Bereich des Gartens an, da sich dort Regenwasser sammelt und er zugleich windgeschützt ist. Ideal ist ein sonniger Platz (siehe Seite 14–15).

Dieser Naturteich ist gut zugänglich und dicht bepflanzt. Er zieht eine große Bandbreite von Gartenbesuchern an.

Der Teich sollte so groß sein, wie der verfügbare Platz und Ihr Budget es zulassen. Größere Gewässer lassen sich viel leichter pflegen als kleinere, denn sie verlieren langsamer Wasser und überstehen deshalb auch Trockenheit wesentlich länger als flache Miniteiche.

Legen Sie den Umriss des künftigen Gewässers mit einem Gartenschlauch oder einer Schnur fest. Der Teich sollte möglichst natürlich wirken und keine spitzen Winkel oder andere unnatürliche Formen haben, schon allein, weil das Ausschlagen mit Folie sonst schwierig wird.

DEN TEICH AUSHEBEN

Sobald Sie mit der Größe und Form des Teichs zufrieden sind, können Sie anfangen zu graben. Ist das Gewässer kleiner als 6 m^2, lässt sich die Grube durchaus von Hand ausheben – Sie brauchen dafür einen stabilen Spaten, eine Schaufel und eine Spitzhacke. Soll der Teich wesentlich größer ausfallen, lohnt es sich, einen Minibagger zu mieten oder ein Aushubunternehmen zu beauftragen.

Zuerst werden etwaige Grassoden entfernt und beiseite gelegt, dann geht es ans Ausheben. Fangen Sie dort an, wo sich die tiefste Stelle befinden soll. Naturteiche bis 6 m^2 sollten mindestens 60–90 cm, größere Gewässer etwa 90–120 cm tief sein. Manche Tierarten brauchen tiefe Stellen zum Überwintern. Ist der tiefste Punkt erreicht, gräbt man nach außen und legt dabei zu allen Seiten eine sanft abfallende Schräge an.

Die Grassoden und den Aushub sollten Sie nicht gleich entsorgen. Diese »Abfallprodukte« lassen sich selbst in hervorragende eigene Habitate verwandeln. So kann man beispielsweise einen Wildblumenhang anlegen (siehe Seite 104–111). Wir arbeiten dort oft noch zusätzlich alte Holzstämme, Steine und Schutt ein, um Überwinterungsplätze für Amphibien und Reptilien zu schaffen.

Je nach Standort verändert der Boden mit zunehmender Tiefe möglicherweise seine Farbe und Beschaffenheit. Die hellere Erde, Unterboden genannt, ist für den Teich sehr wichtig, wie wir gleich erklären werden. Häufen Sie diesen Unterboden, falls er sich halbwegs gut bearbeiten lässt und nicht zu viele große Steine oder Schutt enthält, in Teichnähe an, denn wir brauchen ihn später noch.

1

Bevor Sie den Teichrand mit Uferpflanzen wie Bachbunge und Bach-Nelkenwurz begrünen, muss der Teich vollständig befüllt sein.

2

Ein kiesiger Flachwasserbereich hält den Teich frei von Pflanzen und ermöglicht Vögeln Zugang zum Wasser, wo sie trinken und baden können.

3

Kein Naturteich ist vollständig ohne einen Landeplatz für Libellen (siehe Seite 70). Doch nicht nur Libellen schätzen eine solche Sitzstange, auch Vögel lassen sich gern darauf nieder. Hier scheinen Meisen und Spatzen den Ast sehr gut anzunehmen!

DEN TEICH AUSKLEIDEN

Sobald Sie mit dem Ausheben fertig und mit der Teichform, Profil genannt, zufrieden sind, prüfen Sie mit einer Wasserwaage, ob die Ränder eben sind. Zudem dürfen keine spitzen Steine aus dem Boden herausragen, damit die Teichfolie kein Loch bekommt. Nun wird das Profil mit Vlies ausgeschlagen. Es sollte möglichst glatt aufliegen und keine dicken Falten werfen.

Als Nächstes kommt die Teichfolie darüber. Die einfachste und verlässlichste Variante ist eine synthetische Folie, etwa aus PVC. Sie hält bei sachgerechter Verlegung viele Jahre lang und kostet nicht viel. Als Alternativen kommen EDPM- und Butyl-Kautschuk infrage. Sie sind etwas teurer, aber auch durchstoßfester und tun ebenfalls viele Jahre lang Dienst. Wir verwenden für alle unsere Teiche 1 mm dickes Butyl-Kautschuk, doch Sie sollten einfach die bestmögliche Qualität kaufen, die sich noch mit Ihrem Budget vereinbaren lässt. Nicht vergessen: Ein Teich steht und fällt buchstäblich mit seiner Fähigkeit, das Wasser zu halten!

Mit ein, zwei Helfern entrollen Sie die Teichfolie und legen Sie so über die mit Vlies ausgekleidete Vertiefung, dass sie vollständig bedeckt ist. Ziehen Sie zum Schutz der Folie die Schuhe aus, gehen Sie vorsichtig zum niedrigsten Punkt und arbeiten Sie sich von dort aus nach außen und oben aus dem Loch heraus. Dabei müssen Sie eventuell einige Falten glätten und zu einer oder mehreren großen Falten zurechtziehen.

Sobald die Folie gut anliegt, kommt obenauf eine weitere Lage Vlies. Dadurch ist die Folie auch von oben gut geschützt. Vliese und Folie werden noch nicht zugeschnitten, sondern ragen über den Teichrand hinaus.

Der nächste Arbeitsschritt ist für einen tierfreundlichen Teich das A und O. Sie brauchen den Unterboden, den Sie in der Nähe aufgehäuft haben, um den Teich damit auszukleiden. Unterboden besteht aus nährstoffarmer Erde. Mit ihm sieht der Teich nicht nur hervorragend aus, er ist auch ein ausgezeichnetes Substrat für die Teichpflanzen, sodass Sie auf die unansehnlichen, sperrigen Pflanzkörbe verzichten können.

Die Unterbodenschicht sollte 8–10 cm dick sein. Falls Sie genug davon ausgehoben haben, gut. Falls nicht, können Sie von einer anderen Stelle im Garten Unterboden holen oder sich ihn bei Baustofffirmen besorgen. Zur Not lässt sich das Vlies auch mit einer Lage Steine, Kiesel oder Kies bedecken. Nicht geeignet ist normaler, nährstoffreicher Oberboden, denn er verursacht etliche Probleme, z. B. starkes Algenwachstum, und verschlechtert die Wasserqualität. Verteilen Sie den Unterboden auf dem Vlies, wobei Sie von unten beginnen und sich langsam zu den Rändern vorarbeiten. Zum Schluss treten Sie die gesamte Erde fest, klettern aus dem Loch und harken sie leicht, damit keine Fußabdrücke mehr zu sehen sind.

Als Letztes wird ein »Strand« angelegt. An ihm gelangen Tiere ins Wasser und wieder heraus. Vögel können dort ein Bad nehmen und trinken, Kaulquappen sich unter idealen Bedingungen entwickeln. Angelegt wird dieser Flachwasserbereich an einer nur leicht abfallenden Stelle. Platzieren Sie ein paar große, schwere Steine in einiger Entfernung vom Rand im Wasser – sie verhindern, dass der Strand in die Tiefe rutscht. Dann wird mit kleineren Steinen und einer Lage Kiesel aufgefüllt. Korrigieren Sie so lange, bis Sie mit der Größe und dem Aussehen zufrieden sind.

DEN TEICH FÜLLEN

Nun kann der Teich befüllt werden. Ideal ist Regenwasser, aber weil man nicht immer Tausende Liter parat hat, tut es auch Leitungswasser. Keine Sorge, Sie machen damit nichts falsch – wir haben fast jeden unserer Naturteiche damit befüllt. Sollte Chlor, darin enthalten sein, verflüchtigt es sich bald und die Nährstoffe, die in Leitungswasser wesentlich konzentrierter als in Regenwasser sind, werden irgendwann von den Pflanzen verbraucht worden sein. Vielleicht sollten Sie in Zukunft Regentonnen aufstellen, damit Sie einen Vorrat haben, falls in Trockenperioden das Wasser nachgefüllt werden muss.

Regenwasser ist ideal zum Befüllen, doch tut es auch Leitungswasser.

Wenn Sie den Teich mit einem Schlauch füllen, legen Sie ein Stück Vlies oder Teichfolie vor die Mündung, damit der Strahl die Erde nicht wegschwemmt und das Wasser trübt. Ist der Teich fast voll, sehen Sie, wie weit der Wasserspiegel reichen wird. Nun können Sie die überstehenden Lagen Folie und Vlies abschneiden. Die Ränder bedecken Sie mit Unterboden.

A

B

C

D

DIE BEPFLANZUNG

Bepflanzen können Sie den Teich zu fast jeder Jahreszeit, ideal sind jedoch die Monate Mai, Juni und Juli, da Wasserpflanzen in dieser Zeit am besten gedeihen und das Wasser am wärmsten ist. Zwischen August und April dagegen wachsen viele Arten kaum.

Wie bei der Bepflanzung anderer Naturgartenbereiche ist auch im Teich Vielfalt entscheidend. Suchen Sie sich aus jeder Kategorie in der Liste auf Seite 183 mindestens drei Arten heraus. Man bekommt sie in Töpfen oder manchmal auch als Plugs (Setzlinge mit Miniballen). Plugs kosten wenig und lassen sich leicht pflanzen, leider sind sie nicht immer verfügbar.

Am besten setzen Sie die Pflanzen in den Unterboden, während Sie den Teich füllen. Beschädigen Sie dabei aber nicht die Teichfolie mit Werkzeug. Die höheren Arten kommen in den hinteren Teil des Teichs, damit man einen ungehinderten Blick auf das Wasser hat.

Sobald die Teichpflanzen im Wasser sind, säen Sie am Ufer eine Samenmischung für Gewässerränder – sie wird im Handel oft als Ufermattensaat oder Teichrandmischung angeboten und besteht aus feinen Gräsern sowie Sumpfpflanzen. Die Samen keimen normalerweise binnen weniger Wochen, sodass die nackte Erde um den Teich bald dicht bewachsen ist. Diese Vegetation dient Amphibien wie Fröschen oder Kröten als feuchtes Versteck, wenn sie das Wasser verlassen.

Pflanzentipps

- Bachbunge
- Blaugrüne Binse
- Europäische Seekanne
- Gewöhnlicher Blutweiderich
- Hornmoose
- Kuckucks-Lichtnelke
- Sumpf-Hornklee
- Wasser-Minze
- Wiesen-Schaumkraut

TEICHTIERE

Ein gut angelegter Naturteich wächst erstaunlich rasch ein. Schon nach wenigen Monaten hat man manchmal ein Süßwasserhabitat voller Leben-mit Wasserschnecken, Libellenlarven, Molchen und vielem mehr.

A Rotbraunes Ochsenauge auf Großem Flohkraut **B** Gewöhnlicher Blutweiderich **C** Europäische Seekanne und Krebsschere **D** Sumpf-Hornklee

A Große Pechlibelle **B** Froschlaich
C Ruderwanze **D** Grasfrosch

Zwar ist jedes Gewässer eine wertvolle Oase für die Tierwelt, doch mit einigen zusätzlichen Elementen kann man es so richtig zum Leben erwecken. Schnell und einfach platziert sind ein paar Stücke verrottendes Holz, idealerweise von einer heimischen Baumart: Wir empfehlen, es so am Ufer zu deponieren, dass es zur Hälfte ins Wasser ragt. Braune und Blaugrüne Mosaikjungfer legen mit Vorliebe ihre Eier dort ab. Auch junge Amphibien sind für Holzstöße, Steine und Rindenstücke am Teichrand dankbar.

Das Tüpfelchen auf dem i aber ist ein Landeplatz für Libellen. Suchen Sie sich einen kräftigen Ast und legen Sie ihn so neben den Teich, dass er über das Wasser ragt. Libellen werden im Frühjahr und Sommer magisch von ihm angezogen, und auch Vögel lassen sich gern darauf nieder.

TEICHPFLEGE

Ein Naturteich lässt sich ohne Probleme in Schuss halten. Im ersten Jahr ist oberstes Gebot, ihn vor Beschädigungen zu schützen: Gerade Menschen und Hunde treten anfangs gern auf die Teichränder und bringen so die Unterbodenschicht auf der Folie in Unordnung. Nicht empfehlenswert

C

D

Gut für

Frühe Adonislibelle
Grasfrosch
Plattbauch
Posthornschnecke
Teichmolch
Wasserskorpion
Ringelnatter
Taumelkäfer
Wasserspinne

ist es, Fische in den Teich zu setzen, denn das hält allerlei Arten davon ab, sich den Teich als Lebensraum auszusuchen.

Im ersten Jahr müssen Sie außerdem alle Grünalgen, die sich auf der Wasseroberfläche sammeln, mit einem Kescher oder Rechen herausfischen. Später werden sie nicht mehr so lästig sein, denn wenn Arten wie Europäische Seekanne und Schwimmendes Laichkraut große Teile des Teichs bedecken (in der Regel etwa 80 Prozent), ziehen sich die Algen normalerweise von selbst zurück. Im Auge behalten sollte man außerdem den Wasserstand, vor allem im Sommer. Spätestens wenn er um die Hälfte gesunken ist, füllt man nach.

Etwa ab dem zweiten Jahr muss manchmal auch die Vegetation am Ufer um über 80 Prozent ausgelichtet werden, am besten im Spätsommer. Man lässt die Reste aber noch einen Tag lang am Rand liegen, damit sich Wassertiere rechtzeitig in den Teich zurückretten können.

Naturfreundliches Gärtnern und modernes Design müssen kein Widerspruch sein. Mit guter Planung lässt sich beides zu vielfältigen Lebensräumen verbinden.

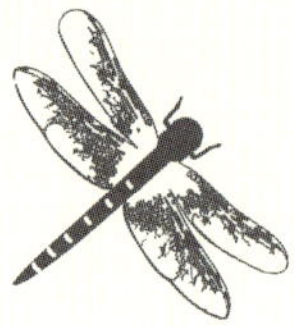

FORMALE TEICHE

Soll ein Gewässer direkt neben einem Gebäude oder in einem öffentlichen Raum wie einem Krankenhausgarten bzw. auf einem Schulgelände angelegt werden, wo sichere, stabil befestigte Flächen unerlässlich sind, ist ein formaler Teich für uns oft die praktikabelste Option.

Allerdings kann ein formaler Teich, auch geometrischer Teich genannt, mit seiner künstlichen Einfassung und den meist steilen Rändern zur tödlichen Falle für Tiere wie Igel werden, denn wenn sie hineinstürzen, haben sie keine Möglichkeit mehr, wieder herauszuklettern. Trägt man diesem Umstand Rechnung und gestaltet den Teich entsprechend um, kann man ihn jedoch durchaus zu einem tierfreundlichen Gewässer machen.

Mit diesem Projekt zeigen wir Ihnen, wie Sie ein bestehendes formales Wasserelement in ein Tierparadies umfunktionieren. Selbst wenn Sie es völlig neu in Ihrem Garten einrichten, bekommen Sie Tipps, wie Sie die Bedürfnisse tierischer Gartenbesucher vorn vornherein berücksichtigen.

Dieser formale Teich birgt tierfreundliche Elemente: zwei kaum sichtbare Unterwassersockel.

A

B

C

D

BESTEHENDE FORMALE TEICHE RENATURIEREN

Einem Molch ist es egal, ob ein Teich von einer gepflasterten Fläche gesäumt wird oder nicht. Für ihn zählt nur, ob er problemlos ins Wasser und aus ihm heraus gelangt, ob es am Rand genügend Verstecke gibt, wo die Weibchen auch ihre Eier ablegen können. Wenn Sie einen bestehenden formalen Teich haben, versuchen Sie ihn einmal mit den Augen des Molchs zu sehen. Dann fragen Sie sich: Was kann ich tun, um ihm und anderen nicht menschlichen Besuchern das Leben zu erleichtern? Das ist ein wesentlicher Aspekt jedes tierfreundlichen Teichs, bekommt aber besondere Bedeutung bei formalen Gewässern mit einem Rand, der Tieren wenig Halt gibt. Eine simple Lösung wäre die Platzierung von Zugangshilfen in Form von Steinen und Holzstücken. Sie sehen zwar an den klar gezogenen Rändern eines formalen Teichs etwas deplatziert aus, dafür ist Ihnen der Dank der Tierwelt gewiss.

Ist der Teich nicht bewachsen, kann man mit Wasserpflanzen in Gittertöpfen für die dringend benötigte Vegetation sorgen, ohne dass Unterboden hinzugefügt werden muss. Gittertöpfe gibt es in allen Formen und Größen; man bekommt sie in Gartencentern oder online, doch kann man auch alte Kunststoffkörbe aus dem Haushalt zweckentfremden. Füllen Sie die Gefäße mit Wasserpflanzensubstrat und bedecken Sie es mit einer Lage Kies, damit es nicht davonschwimmt. Zum Schluss stellen Sie die bepflanzten Körbe vorsichtig ins Wasser (eventuell brauchen Sie dafür einen Stock mit Haken am Ende). So bieten Sie Teichbewohnern von Anfang an reichlich Versteckmöglichkeiten und schattige Stellen.

EINEN NEUEN FORMALEN TEICH BAUEN

Außer Sie haben schon Erfahrung im Mauern und im Umgang mit Beton, empfehlen wir, eine Garten- und Landschaftsbaufirma zu beauftragen, denn der Bau eines solchen Teichs erfordert mehr Know-how und Gerätschaften als die Anlage eines Naturteichs. Aber auch wenn Sie nicht selbst mit anpacken, gibt es beim Planen und Entwerfen einiges zu beachten.

A Seerose 'Candida' **B** Schaublatt und Funkie
C Grannen-Schildfarn **D** Gewöhnlicher Blutweiderich

Zu den deutlichsten Unterschieden zwischen einem natürlichen und einem formalen Teich gehört die Form: Statt einem zufälligen, wie von selbst entstandenen Umriss kennzeichnen einen formalen Teich in der Regel gerade Linien und glatte Flächen. Bei der Auswahl haben Sie freie Hand – ob Sie das Gewässer kreisförmig oder rechteckig anlegen, ist einerlei. Um es tierfreundlich zu gestalten, müssen Sie allerdings den Teichgrund konturieren. Im Gegensatz zu einem typischen Naturteich, dessen Form eher an eine flache Schüssel oder einen Teller erinnert, hat ein formaler Teich meist einen flachen, ebenen Grund. Deshalb bauen wir bei der Neuanlage eines geometrischen Gewässers breite, flache Sockel am Rand mit ein (siehe gegenüber). Sie befinden sich knapp unter der Wasseroberfläche und können mit einer ganzen Reihe von Gitterkörben bestückt werden, wenn man keinen Unterboden dort haben möchte (siehe Seite 66–67).

Trotzdem empfehlen wir auch noch mindestens einen sanft abfallenden Flachwasserbereich einzubauen, über den Tiere in den Teich hinein und wieder heraus können. Das Wasser dort ist etwas wärmer als der restliche Teich, was Amphibien und den Larven von Wirbellosen gelegen kommt, die für ihre Entwicklung höhere Temperaturen brauchen.

Vielleicht möchten Sie Ihrem formalen Teich auch ein Wasserspiel hinzufügen. Das ist eine Sache der persönlichen Vorliebe. Die meisten Teichpflanzen kommen mit fließendem Wasser zurecht, solange der Wasserstrom langsam bleibt. Wer einfach nur gern ein Plätschern hört, kann beispielsweise einen kleinen Springbrunnen installieren.

> Hat der Teich steile Ränder, lehnt man Rundhölzer an den Rand, damit Tiere hinein- und herauskommen.

BEPFLANZUNG

Die Bepflanzung eines formalen Teichs unterscheidet sich nicht groß von der eines Naturteichs (siehe Seite 69), bietet aber Gelegenheit, einige dekorativere Schönheiten ins Spiel zu bringen, etwa Sibirische Schwertlilien oder farbenfrohe Primeln. Wofür Sie sich auch entscheiden, stellen Sie immer eine gute

1

Diesen rechteckigen Teich haben wir aus Porenbetonsteinen gemauert. Mit Projekten von solchen Dimensionen müssen Sie vielleicht Profis beauftragen.

2

Wir haben am Rand zwei hohe Sockel integriert, um einen Flachwasserbereich für Pflanzen zu schaffen und zugleich Tieren Zugang zum Wasser zu verschaffen.

3

Auf den Sockel im hinteren Bereich legten wir eine dichte Uferpflanzengruppe als Lebensraum für Tiere an – und als interessanten, vielfältigen Blickfang für menschliche Betrachter.

4

Über dieses Element fließt Wasser in einen zweiten Teich, der separat angelegt, aber mit dem Hauptteich verbunden ist. So kann man das Plätschern genießen, ohne dass Pflanzen leiden.

A Ackerhummel und Gewöhnlicher Blutweiderich
B Der Vierfleck, eine Libellenart **C** Zwei Frühe Adonislibellen bei der Paarung **D** Grasfrosch

Mischung aus Ufer-, Sauerstoff produzierenden, schwimmenden und untergetauchten Arten zusammen (siehe Seite 182–186).

Sie können den Boden eines formalen Teiches sogar wie einen Naturteich mit Unterboden bedecken (siehe Seite 66–67) – das Wasser bleibt trotzdem klar. Selbst wenn Sie das nicht wollen, können Sie mit Gitterkörben und Teichsubstrat dennoch einen gesunden, ansehnlichen Teich anlegen (siehe Seite 75). Ideal sind eine dichte, abwechslungsreiche Randbepflanzung und einige strategisch günstig platzierte Steine und Holzstücke, über die Tiere ins Wasser gelangen und auch unbeschadet wieder herauskriechen können.

Pflanzentipps

Bach-Nelkenwurz
Bachbunge
Blaugrüne Binse
Gewöhnlicher Blutweiderich
Froschlöffel
Großes Flohkraut
Laichkraut
Pfeilkraut
Europäische Seekanne
Sumpf-Schwertlilie
Sumpf-Segge
Wasser-Minze

C

D

TEICHTIERE

In formalen Teichen dürfen Sie in etwa die gleichen Tiere erwarten wie in Naturteichen, wenngleich Sie vielleicht mehr Kröten sehen werden, denn diese bevorzugen mindestens 1,2 m tiefes Wasser. Ist ein ungehinderter Zugang zum Teichrand möglich, schauen vielleicht sogar Füchse und Igel auf einen Schluck Wasser vorbei.

TEICHPFLEGE

Formale Teiche werden ähnlich gepflegt wie Naturteiche (siehe Seite 70–71). Prüfen Sie den Zugang zum Teich aber regelmäßig, damit Tiere gut zum Wasser gelangen und es auch problemlos wieder verlassen können.

Gut für

- Amsel
- Dachs
- Fuchs
- Gemeine Becherjungfer
- Grasfrosch
- Große Pechlibelle
- Hausspatz
- Igel
- Kammmolch
- Teichmolch
- Türkentaube
- Vierfleck

Sümpfe sind unscheinbare, aber wundersame Orte. Legen Sie Ihr eigenes Feuchtgebiet an – und es wird im Nu von Tieren wimmeln.

SUMPFBEETE

Ein Sumpf ist ein stark wassergesättigtes Stück Land. Besteht es aus Torf, nennt man es Moor. Moore bilden einen einzigartigen, artenreichen Lebensraum, der zudem als Kohlenstoffsenke dient, also Kohlenstoffdioxid bindet und so der Atmosphäre entzieht. Man hört oft von der Bedeutung der Bäume im Kampf gegen den Klimawandel, aber nicht annähernd so viel über Moore, die das Doppelte an Kohlenstoffdioxid aufnehmen wie Wälder. Zudem filtern Moore Wasser und senken das Überschwemmungsrisiko.

Trotz dieser Vorzüge sind Moore in Deutschland und anderen Ländern sehr stark bedroht. Von landwirtschaftlichen Nutzflächen verschwinden sie wegen verbesserter Dränagetechniken. Zugleich werden sie mit erschreckender Geschwindigkeit durch den Torfabbau zerstört, der die Nachfrage nach Gartenerde deckt. Das vernichtet zum einen uralte Landschaften und setzt zum anderen gebundenes Kohlenstoffdioxid frei.

Für viele Gärtner sind feuchte Ecken ein Problem, doch kann man sie für die Gestaltung eines Sumpfbeets nutzen.

A

B

C

D

Obwohl sich die kostbaren Feuchtgebiete nur bedingt im Garten nachempfinden lassen, so sind doch kleine Sumpf- und Moorlandschaften möglich, die ein faszinierendes Pflanzen- und Tierspektrum beherbergen.

EIN EIGENES SUMPFBEET ANLEGEN

Wer bereits einen Teich hat oder plant einen anzulegen (siehe Seite 64–67), kann ein Sumpfbeet unmittelbar daneben hinzufügen. Der sumpfige Bereich nimmt überschüssiges Teichwasser auf und entwickelt sich zu einem erstaunlichen Lebensraum von ganz eigenem Charme. Man braucht jedoch nicht unbedingt einen Teich, um einen Sumpfgarten anzulegen. Er ist auch als isoliertes Element möglich. Wichtig ist nur, dass der Boden stets wassergesättigt bleibt und nicht austrocknet.

Es spielt zwar kaum eine Rolle, wo das Sumpfbeet liegt, doch hat ein tief gelegener Platz im Garten Vorteile, da sich dort eher Wasser sammelt und länger hält. Gut ist ferner viel Sonne, was das Spektrum der Pflanzen erweitert, allerdings finden sich auch genug Pflanzen für schattige Stellen.

Wer seinen Sumpf neben einem Teich anlegen möchte, sucht den tiefsten Punkt am Teichrand – also die Stelle, an der der Teich als Erstes überläuft. Befindet sich Ihr Teich auf abschüssigem Gelände, platzieren Sie das Sumpfbeet auf der hangabwärts gerichteten Seite. Auf ebenem Terrain können Sie es dort anlegen, wo es für Sie am günstigsten ist.

Heben Sie ein schalenförmiges Loch mit steilen Rändern aus, das an seiner tiefsten Stelle rund 30–45 cm tief ist. Die Ränder müssen relativ eben sein. Kleiden Sie die Grube wie bei einem Natur-

Pflanzentipps

Bach-Nelkenwurz
Blaues Pfeifengras*
Gewöhnlicher Blutweiderich
Gewöhnlicher Teufelsabbiss
Gewöhnlicher Wasserdost
Glocken-Heide*
Großes Flohkraut
Heidelbeeren*
Kriechender Günsel
Kuckucks-Lichtnelke
Rainfarn
Sumpf-Hornklee
Sumpf-Schwertlilie
Wasser-Minze
Wiesen-Schaumkraut
Wollgras*
(*Moorpflanzen)

A Kriechender Günsel **B** Sumpf-Hornklee
C Sumpf-Schwertlilie **D** Wiesen-Schaumkraut

teich mit Vlies, dann Teichfolie und noch einmal Vlies darüber aus (siehe Seite 66–67). Ist der Sumpf mit einem Teich verbunden, muss die Teichfolie die Sumpfbeetfolie überlappen, damit das Sumpfbeet jedes Mal, wenn der Teich überläuft, mit Wasser versorgt wird. Füllen Sie das Sumpfbeet bis mindestens 20–25 cm unter den Rand mit Erde und legen Sie ein paar Rindenstücke, sich zersetzendes Holz oder sogar alte Dachziegel an den Rand, um Sumpflebewesen anzulocken. Mit Wasser müssen Sie es normalerweise nicht füllen: Schon dadurch, dass es an einen Teich angrenzt oder sich in einem tief gelegenen Gartenbereich befindet, sollte es allmählich voll werden und auch sumpfig bleiben.

BEPFLANZEN

Kaufen Sie die Pflanzen zwischen Frühjahr und Herbst als Jungpflanzen (siehe Seite 69). Mit Ausnahme der Sauerstoffspender und Schwimmpflanzen eignen sich fast alle Arten der Teichpflanzenliste (siehe Seite 182–186) auch für Sumpfbeete. Sie können versuchen, natürliche Sümpfe nachzuempfinden, indem Sie heimische Pflanzen und vor allem nektarreiche Arten ansiedeln, die Sumpftiere anlocken. Empfehlenswert wäre etwa eine Kombination aus Sumpf-Schwertlilie, Gewöhnlichem Blutweiderich und Gewöhnlichem Wasserdost im hinteren Bereich, damit sie dort gemeinsam für Höhe sorgen, während weiter vorn Kuckucks-Lichtnelke, Wiesen-Schaumkraut und Blaugrüne Binse ganzjährig Abwechslung bringen.

Wagemutigere können auch ein stärker spezialisiertes Moorbeet anlegen. In diesem Fall wird als Füllmaterial nicht Unterboden, sondern saure Erde (als Moorbeet- oder Rhododendronerde erhältlich) verwendet. In Moorbeeten lassen sich ungewöhnlichere Gewächse wie Glocken-Heide, Wollgräser, Blaues Pfeifengras oder Heidelbeeren ansiedeln.

TIERLEBEN

Wer gelegentlich vorsichtig unter ein am Rand ausgelegtes Rindenstück lugt, wird vielleicht junge Amphibien dort entdecken, etwa Teichmolche oder Grasfrösche, die solche feucht-kühlen Verstecke lieben. In der Sumpfvegetation verbirgt sich womöglich die eine oder andere Ringelnatter auf Froschjagd. Je nach Bepflanzung stellen sich auch Schmetterlinge und Bienen ein: Der Rainfarn etwa ist beim Faulbaum-Bläuling gefragt.

A Der Plattbauch, eine Libellenart
B Grasfrosch

PFLEGE

Sumpf- oder Moorbeete sind für gewöhnlich recht pflegeleicht und anspruchslos, sodass man wenig Zeit in sie investieren muss. Wichtig ist nur, dass sie auch bei länger ausbleibendem Regen und Hitze immer mit Regenwasser feucht gehalten werden. Gerät die Vegetation einmal zu dicht, sollte sie ausgelichtet werden. Dann kann man sich bei minimalem Aufwand viele Jahre lang an einem interessanten Mini-Biotop erfreuen.

Gut für

Aurorafalter
Blaugrüne Mosaikjungfer
Braune Mosaikjungfer
Faulbaum-Bläuling
Grasfrosch
Raps-Weißling
Ringelnatter

Selbst auf kleinstem Raum ist noch Platz für Minigewässer. Sie sind schnell angelegt und locken zuhauf Tiere an.

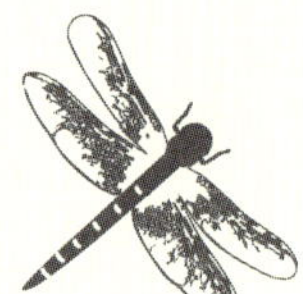

MINITEICHE

Einen tierfreundlichen Teich anlegen? Klingt gut. Aber in der Realität lässt sich das oft schwer umsetzen, vor allem auf kleinen Grundstücken oder in Stadtgärten. Vielleicht ist der Boden gepflastert und betoniert oder von vielen Kabeln und Rohren durchzogen. Wer zur Miete wohnt, hat womöglich einen Hauseigentümer, der keinen Teich in seinem Garten haben möchte. Manchen steht nicht einmal ein Garten zur Verfügung: Für viele Stadtbewohner ist der Balkon die einzige Freifläche, die Sie nutzen können. Mitunter kann man auch gar keinen Teich ausheben, entweder weil man es körperlich nicht schafft oder finanziell nicht stemmt.

Wir aber haben eine Alternative, für die Sie keine Schaufel brauchen und die Ihnen trotzdem die Einrichtung eines Gewässers für Tiere ermöglicht: Ein Miniteich in einem Gefäß lässt sich nahezu überall aufstellen, kostet wenig und ist einfach und schnell angelegt.

Dieser Miniteich besteht aus einem alten Spülbecken und ist mit Ästen gerahmt, die Tieren den Zugang ermöglichen.

ANLEGEN

Als Erstes brauchen Sie ein geeignetes Gefäß – etwas Haltbares, das nach Möglichkeit 60×45 cm oder noch besser 60×60 cm groß ist und 30–40 cm tief. Ein altes Spülbecken aus Keramik, ein Steintrog oder eine Metallwanne eignen sich bestens als Miniteich. Wer nichts dergleichen hat, kann versuchen, auf Freecycle oder beim örtlichen Wertstoffhof etwas aufzutreiben. Wenn Sie den Behälter selbst abholen, sollte sich schon ein preiswertes oder sogar kostenloses Teil finden lassen.

Geeignet sind auch Halbfässer, also in der Mitte geteilte alte Whisky- oder Weinfässer. Sie werden ganz oder halbiert verkauft und lassen sich zu Pflanzgefäßen oder eben Miniteichen umfunktionieren.

Das Behältnis muss natürlich wasserdicht sein und darf kein Loch haben. Nichts ist frustrierender, als einen Miniteich aufzustellen und zu bepflanzen, nur um fünf Minuten nach dem Befüllen festzustellen, dass er leckt. Zur Not kann man ihn mit einem Stück Teichfolie auskleiden, bei kleinen Gefäßen aber gestaltet sich das oft schwierig und sieht auch nicht immer gut aus. Als Nächstes brauchen Sie einen guten Standort (siehe Seite 14–15), der zudem für Tiere problemlos erreichbar ist. Manche Molche und Frösche kommen erstaunlich steile Flächen hoch, besser aber ist natürlich ein ungehinderter, bequemer Zugang für alles, was kreucht und fleucht.

Ein altes Spülbecken aus Keramik oder ein Halbfass kommt als Miniteich zu neuen Ehren.

Eine einfache Lösung wären Holz- und Rindenstücke, die man an einer Seite des Miniteichs stapelt. So entsteht nebenbei gleich ein kleines Habitat für Wirbellose und Amphibien (siehe Seite 152–155). Steht das Kleingewässer auf nackter Erde oder Gras, kann man einen Hügel aus Erde anhäufen und so eine Rampe bis zum Rand schaffen. Wer allerdings hölzerne Gefäße wie Halbfässer verwendet, muss Flächen, die mit Erde in Kontakt kommen, mit wasserfester Folie schützen, da das Holz sonst verrottet.

Es geht jedoch nicht nur darum, den Tieren leichten Zugang zum Wasser zu verschaffen, sie müssen auch wieder aus dem Miniteich herauskommen, denn eine glatte, vertikale Wand kann leicht zur Todesfalle werden. Abhilfe verspricht eine Rampe aus Steinen, Ziegeln oder Schutt im Wasser.

Wenn Sie eine Bepflanzung des Gefäßes planen, müssen Sie eventuell ein paar Ziegel oder Porenbetonsteine hineinlegen, auf die man Gitterkörbe mit Wasserpflanzen stellen kann, ohne dass sie aus dem Wasser ragen. Für die Befüllung des Teichs verwenden Sie am besten Regenwasser. Wenn das nicht verfügbar ist oder Sie nur einen Balkon haben, tut es auch Leitungswasser, allerdings bilden sich darin leichter Algen.

BEPFLANZUNG

Sobald Sie zufrieden mit allen Elementen und Zugangsmöglichkeiten für Tiere sind, wird es Zeit, das Gefäß zu bepflanzen. Es gibt eine ganze Reihe von Arten, die mit den Bedingungen in solchen Minigewässern zurechtkommen, weil sie selbst relativ klein sind und nicht gleich das bisschen Platz zuwuchern. Wir empfehlen ein paar emerse Arten, also solche, die über die Wasseroberfläche hinausragen, etwa den Gewöhnlichen Blutweiderich oder die Blaugrüne Binse. An ihnen krabbeln die Larven von Libellen hoch, um eine Stelle zu finden, an der sie schlüpfen können. Ebenfalls sinnvoll ist die Bachbunge, an der Molche ihre Eier ablegen können. Ein paar Pflänzchen Wasser-Minze bewegen eventuell sogar den einen oder anderen Faulbaum-Bläuling auf der Suche nach Nektar zu einem Stop an Ihrem Miniteich.

Ähnlich wie bei größeren Teichen sollten Sie auch bei Minigewässern versuchen, ein ausgewogenes Verhältnis zwischen den Pflanzen aus den verschiedenen Wasserpflanzengruppen (siehe Seite 182–186) zu erreichen, selbst wenn Sie aus Platzgründen von jeder Gruppe lediglich eine einzige Pflanze verwenden können. Benutzen Sie bei der Bepflanzung der Pflanzkörbe als Erde unbedingt spezielles Wasserpflanzensubstrat aus dem Gartencenter.

Pflanzentipps

Ähriges Tausendblatt*
Bach-Nelkenwurz
Bachbunge
Blaugrüne Binse
Froschbiss
Froschlöffel
Gewöhnlicher Blutweiderich
Hornblatt*
Sumpf-Dotterblume
Sumpf-Vergissmeinnicht
Wasser-Minze
(*Sauerstoffspender)

A

B

C

D

Ein ausgewogenes Verhältnis aus Sauerstoffspendern, emersen Wasserpflanzen und Gewächsen, die Insekten mit Nektar versorgen, ist vielleicht wichtiger als die Teichgröße, denn Sie wollen ja den wenigen Platz, der Ihnen zur Verfügung steht, optimal nutzen. Wählt man die falschen Pflanzen, etwa eine Sumpf-Schwertlilie, ist der Miniteich im Nu zugewuchert, sodass keine freie Wasserfläche bleibt, in der Libellen ihre Eier ablegen können oder, schlimmer noch, Insekten wie Ruderwanzen nicht einmal mehr ein Gewässer erkennen können.

TIERLEBEN

Wenn Sie günstige Bedingungen schaffen, finden sich im Handumdrehen jede Menge Tiere ein, die Ihrem Süßwasserbiotop einen Besuch abstatten. Neben Libellen und Ruderwanzen sind das Taumelkäfer, aber auch Bienen, Wespen und weitere Fluginsekten, die zum Trinken Halt machen. Wir haben einmal ein altes Spülbecken aus Keramik zu einem Miniteich umgestaltet und in einen terrassierten Garten integriert – und schon nach wenigen Tagen hatte sich ein Teichmolch eingefunden.

Gut für

Faulbaum-Bläuling
Gemeine Becherjungfer
Grasfrosch
Große Heidelibelle
Ruderwanze
Taumelkäfer
Teichmolch
Vierfleck
Wasserläufer

PFLEGE

Zu den großen Vorzügen von Miniteichen im Gefäß gehört der geringe Arbeitsaufwand, der damit verbunden ist. Gelegentlich muss man vielleicht ein paar Grünalgen herausfischen oder allzu wüchsige Pflanzen auslichten. Im Sommer füllt man Wasser nach, was angesichts des geringen Volumens kein Problem sein sollte. Wer Platz im Garten hat, kann zu diesem Zweck ein Wasserfass aufstellen, um stets einen Vorrat an Regenwasser parat zu haben.

A Erdkröte **B** Hülle einer Libellennymphe
C Vierfleck **D** Bach-Nelkenwurz

NEKTAR-RABATTEN

Rabatte 2.0: Erfinden Sie ein traditionelles Gartenelement neu. Wenn nektarreiche Pflanzen darin die Hauptrolle spielen, bekommen Bestäuber wie Bienen und Schmetterlinge eine Blütenoase vom Feinsten.

EINFÜHRUNG

Stellen Sie sich einmal einen klassischen Siedlungsgarten vor. Als Erstes wird Ihnen wohl ein sauber gestutzter Rasen mit Rabatten am Rand einfallen. Diese Rabatten bestehen meist aus einfachen, schmalen, regelmäßigen Reihen von Beetpflanzen oder aus ausladenden Gruppen von exotischen Blumen und Sträuchern. Staudenrabatten sind der Stolz vieler Hobbygärtner. Das Problem: Sie finden selten Anklang bei vorbeifliegenden Bestäubern, die darin oft wenig Nektarpflanzen entdecken können.

Es ist nichts dagegen einzuwenden, Pflanzen nach rein optischen Gesichtspunkten auszusuchen, sei es aufgrund ihrer schönen Blüten, ihres ungewöhnlichen Laubes oder einer schönen Borke. Schließlich ist ein Garten mit echten Pflanzen immer noch besser als Kunstrasen und Formschnittgehölze aus Plastik! Trotzdem könnten wir der Tierwelt viel Gutes tun, wenn wir uns vom traditionellen Bild, das wir von Rabatten haben, lösen.

Wir statten seit vielen Jahren die Gärten unserer Auftraggeber mit »Nektarrabatten« aus. Wie der Name schon sagt, handelt es sich dabei um Pflanzungen, die speziell zusammengestellt wurden, um Bestäuber mit möglichst viel Nektar zu versorgen. Das Konzept ist nicht neu, den meisten

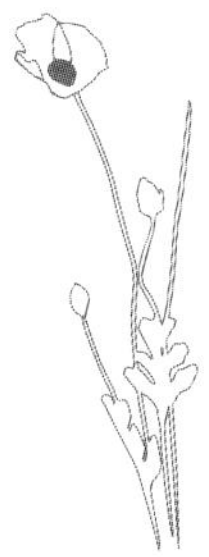

Viel zu viele Gärten bieten Bestäubern so gut wie keine Nektarpflanzen.

Gartenbesitzern aber unbekannt, was schade ist, denn Rabatten sind oft sterile Blumenwüsten, die Insekten so gut wie nichts zu bieten haben.

In diesem Kapitel zeigen wir, wie man eine typische Nektarrabatte aus Blütenpflanzen anlegt. Gleichzeitig schlagen wir ein paar ungewöhnlichere Projekte vor, mit denen Sie unter anderem Kalksteinschotter und ungenutztes Erdreich in ein nektarreiches Habitat aus Wildblumen und Gräsern umwandeln. Das alles entspricht vielleicht nicht der traditionellen Vorstellung einer formalen Rabatte, wie der Nachbar sie zur Schau stellt, bietet jedoch genauso viele farbenfrohe Blüten und üppiges Laub.

Das Kernprinzip, Bestäubern und andere Insekten speziell für sie ausgesuchte Blütenpflanzen zu bieten, lässt sich im gesamten Garten anwenden. Warum nicht schattenliebende Blütengewächse unter einen Baum setzen oder niedrige Nektarpflanzen in Pflasterritzen? Selbst auf einen Balkon kann man mit ein paar Wildblumen in Töpfen viel Schwung bringen.

Wofür Sie sich auch entscheiden, es wird Zeit, die arbeitsintensiven Prachtrabatten alter Prägung kritisch zu sehen und endlich auch einmal den Bedürfnissen nektarhungriger Insekten Rechnung zu tragen.

Welcher Naturfreund kann einer Rabatte voll farbenfroher Pflanzen widerstehen – vor allem, wenn sie für Bestäuber maßgeschneidert wurde?

EINE NEKTARRABATTE

Das Schöne an tierfreundlichen Gärten ist, dass man kreativ entscheiden kann, wie man der Fauna Gutes tut. Man muss keine strengen Regeln und exakten Pläne beachten, etwa regelmäßige Streifen in einen Rasen mähen oder ständig Ausschau nach Unkraut halten. Stattdessen pickt man sich aus der traditionellen Gartengestaltung das Beste heraus und modelt es so um, dass möglichst viele Tiere angelockt werden. Zum Beispiel, indem man statt einer Staudenrabatte eine Nektarrabatte pflanzt.

Wie alle Rabatten wird auch eine Nektarrabatte entlang eines Zauns, einer Mauer oder Hecke angelegt und bildet ein Band aus farbenfrohen Blütenpflanzen. Das sieht nicht nur gut aus, es vervielfacht obendrein die Zahl der bestäubenden Insekten, die sich im Garten tummeln. Bestäuber müssen oft große Entfernungen auf der Suche nach lebenswichtiger Nahrung zurücklegen, weshalb man ihnen mit leicht verfügbarem Nektar einen großen Dienst erweist, egal wo man wohnt.

Füllen Sie Ihre Rabatten mit nektarreichen Blütenpflanzen wie Dost und Ysop – den Bienen und Schmetterlingen wird's gefallen.

In diesem Garten gab es bereits eine Rabatte, in der nur die Knoblauchsrauke wuchs. Das gefiel dem Aurorafalter, war aber trotzdem noch verbesserungsfähig.

Nach der Umgestaltung tummelten sich den ganzen Tag vom Frühjahr bis zum Herbst Insekten in der Rabatte. Die Lavendelreihe vorn sorgt für einen hübschen formalen Abschluss.

VORBEREITUNGEN

Als Erstes gilt es den optimalen Standort zu finden. Je nach Ausrichtung des Gartens (siehe Seite 14–15) sollte eine Rabatte geschützt und sonnig liegen, denn Wirbellose mögen es warm. Doch selbst wenn Ihr Garten alles andere als sonnenverwöhnt ist, brauchen Sie nicht gleich zu verzagen – es stehen genug schattenliebende Arten zur Auswahl (siehe Seite 100). Beziehen Sie in Ihre Überlegungen den Sitzplatz mit ein, an dem Sie sich am häufigsten aufhalten, und legen Sie Ihre Rabatte möglichst in seiner Nähe an. So können Sie nicht nur die Blüten, sondern auch deren Besucher von Nahem genießen.

Als Nächstes müssen Sie den Boden analysieren. Viele der besten Nektarpflanzen brauchen ein gut durchlässiges Erdreich, so auch die meisten der Arten, die wir für dieses Projekt empfehlen. Wenn die Dränage unzureichend ist, etwa weil Ihr Garten einen sehr steinigen Untergrund, viele versiegelte Flächen oder ständig staunasse Böden aufweist, lohnt es sich vielleicht, die Nektarrabatte in einem Hochbeet anzulegen – Hochbeete kann man als Bausatz kaufen oder aus ein paar Holzbrettern selbst zusammenzimmern. Wenn Sie Ihre Rabatte hingegen im Freiland anlegen, müssen Sie den Boden durch Umgraben und Entfernen von Wurzeln, Unkraut sowie Steinen vorbereiten.

Unkraut hat keine Chance, wenn Sie jeden Zentimeter bepflanzen.

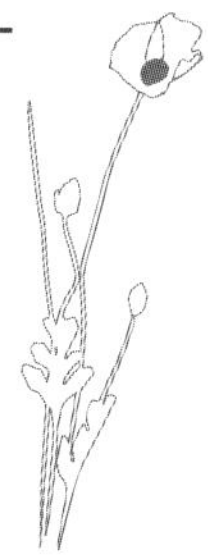

BEPFLANZUNG

Zwei Pflanzentypen eignen sich besonders gut für Nektarrabatten: Stauden, die einige Jahre lang austreiben und blühen, und Zweijährige, die im ersten Jahr Laub bilden und im zweiten Jahr Blüten tragen, Samen ansetzen und sterben. Wer genug Platz hat, kann sogar ein oder zwei nektarreiche Sträucher wie den Sommerflieder integrieren (siehe Seite 56).

Suchen Sie sich aus der Pflanzenliste auf Seite 183–184 eine Reihe nektarreicher Arten heraus. Ziel ist es, eine Rabatte so zusammenzustellen, dass sie möglichst lange Zeit Nektar bereithält. Unter anderem deshalb empfehlen wir auch das Patagonische Eisenkraut, weil es von Juni bis in den November hinein blüht. Unzählige Insekten fliegen im wahrsten Sinne des Wortes auf seine Blüten: Wir haben einmal 17 Schmetterlingsarten gezählt, die sich an seinem Nektar bedienten. Leider ist es weder einheimisch noch winterhart und muss daher meistens im Frühjahr frisch angepflanzt werden. Überhaupt sollte man nicht zu sehr darauf achten, ob eine Pflanze ein angestammtes Mitglied der örtlichen Flora ist: Mit einem guten Mix aus Lokalgrößen und Exoten lässt sich das Nektarangebot über die Saison optimal verteilen.

Wenn eine Rabatte nicht übermäßig von der Sonne verwöhnt wird, stellt man sie am besten aus nektarreichen Arten wie der Nesselblättrigen Glockenblume, Akeleien und Nieswurz zusammen, die auch im Schatten gedeihen. Die Rote Lichtnelke, die ebenfalls weniger Licht braucht, ist besonders bei frühjahrsaktiven Insekten wie dem Zitronenfalter beliebt.

Rabatten werden am besten im Frühjahr oder Herbst angelegt. Falls sie von allen Seiten zugänglich ist, setzt man die höchsten Arten in die Mitte und die kleinen an den Rand. Hat man sie dagegen immer nur von einer Seite aus im Blick, etwa weil sie sich vor einer Begrenzung (einem Zaun, einer Hecke oder einem Gebäude) erstreckt, kommen die größten Pflanzen nach hinten, während man die übrigen nach vorne hin staffelt. Je dichter Sie den verfügbaren Raum bepflanzen, desto weniger Arbeit haben Sie später damit, denn der lückenlose Bewuchs hilft Bodenfeuchtigkeit zu speichern und unterdrückt Unkraut. Nach dem Einpflanzen wird die Rabatte erst einmal gründlich gewässert.

Pflanzentipps

Echter Dost
Roter Fingerhut
Gewöhnliche Akelei
Gewöhnlicher Natternkopf
Katzenminze
Lavendel
Nesselblättrige Glockenblume
Nieswurz
Patagonisches Eisenkraut
Rote Lichtnelke
Roter Scheinsonnenhut
Sumpf-Schafgarbe

A Sumpf-Schafgarbe **B** Roter Scheinsonnenhut
C Patagonisches Eisenkraut **D** Großes Flohkraut

A

B

C

D

A

B

Gut für

Admiral
Gartenkreuzspinne
Hummeln
Igel
Königskerzen-Mönch
Marienkäfer
Schwebfliegen
Singdrossel
Stieglitz
Zwergfledermaus

TIERLEBEN

Am Nektar Ihrer Rabatte werden sich die verschiedensten Bestäuber bedienen, besonders begeistert aber werden Hummeln und Bienen sein. Versuchen Sie deshalb, noch das Lungenkraut unterzukriegen, das gerade Bienen schätzen, oder diverse Nieswurzarten (vor allem die Stinkende Nieswurz), die schon im Spätwinter die ersten Hummeln auf den Plan rufen.

Eine gut bestückte Nektarrabatte ist außerdem für Schnecken attraktiv, von denen sich wiederum Igel oder Drosseln ernähren. Und sollte auch ein Nachtfalter einmal im Schutz der Dunkelheit eine Nascherei suchen, kann es leicht sein, dass er selbst zur Nascherei wird – für vorbeifliegende Fledermäuse.

A Tagpfauenauge **B** Hummel **C** Schwebfliege
D Großes Ochsenauge

DIE PFLEGE DER RABATTE

Ist die Rabatte frisch bepflanzt, muss man anfangs jäten, damit die Pflanzen nicht mit unerwünschten Beikräutern um Nährstoffe und Platz konkurrieren. Nach einer Weile dürfte sich das Thema aber von selbst erledigen.

Ansonsten ist die Pflege überschaubar. Alten Wuchs lassen wir den Winter über stehen und schneiden ihn erst im Frühjahr ab, da er in der kalten Jahreszeit noch als Versteck und Nahrungsquelle dient: So können Wirbellose darin überwintern und Vögel sich von den trockenen Samen ernähren.

Verholzende Arten wie Lavendel indes werden nach der Blüte zurückgeschnitten. Viele Pflanzen, darunter Katzenminze und Storchschnabel, blühen noch einmal, wenn man sie nach der ersten Blüte stutzt. Und auch die Blütezeit des Sommerflieders kann man um Wochen verlängern, wenn man welken Flor abschneidet. Überalterte Mehrjährige werden bei Bedarf ersetzt, ebenso Zweijährige, die sich nicht selbst ausgesät haben.

Auf nährstoffarmem, kalkigem Terrain lässt sich genau jene Art von Grünland anlegen, das seltene Schmetterlinge schätzen.

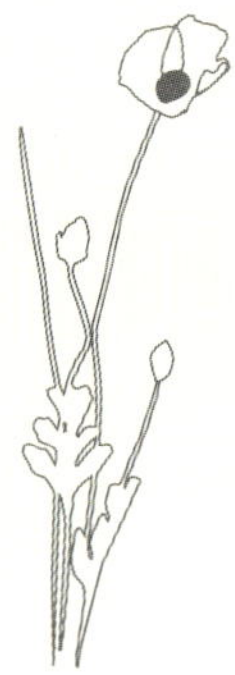

AM KALKHANG

Wildblumen mögen alkalische Böden, etwa kalkhaltigen Untergrund. Er ist meist stark durchlässig und enthält relativ wenig Nährstoffe. Großlaubiges Unkraut und wüchsige Gräser sind auf ihm eher selten anzutreffen, weshalb Wild- bzw. Wiesenblumen und zarte Gräser ungehindert gedeihen können und unzählige Tierarten anlocken, darunter viele seltene Schmetterlinge, aber auch Eidechsen und Blindschleichen.

Gut nachempfinden lässt sich ein typisches Magerwiesenbiotop, wie es manchmal auf nicht gedüngtem Grasland oder in verlassenen Steinbrüchen vorkommt, mit einer Kalksteinböschung. So etwas kommt zwar in einem Garten eher selten vor, doch da Sie dieses Buch lesen, sind Sie vermutlich offen für neue Projekte und eine Renaturierung Ihres Grund und Bodens. Sehen Sie dieses Projekt als Alternative zu einer traditionellen Rabatte, in der anstelle einer Mischung aus heimischen und nicht heimischen Stauden die für Magerwiesen typischen Blumen wachsen.

Mit diesem Projekt wird eine Magerwiese auf einem Trockenhang nachempfunden. Dort kommen manchmal auf einem Quadratmeter bis zu 20 unterschiedliche Blumen- und Grasarten vor.

Decken Sie den Hügel aus Erde und Schutt mit Unkrautfolie ab. Die Folie wird mit großen Steinen fixiert, bis man die Kiesmischung auf ihr verteilen kann.

Wir verwenden mit Vorliebe Kies aus Kalkstein, am besten mit variabler Körnung. Ein Teil davon sollte so feinkörnig sein, dass man ihn bepflanzen kann.

Dieses Foto haben wir drei Monate nach der Anlage des Kalkhangs gemacht. Die Wildblumen und Gräser sind in der kalkhaltigen Kiesmischung schon gut eingewachsen.

ANLEGEN DES HANGS

Suchen Sie sich unter Berücksichtigung der Ausrichtung Ihres Grundstücks (siehe Seite 14–15) für Ihren Kalkhang einen sonnigen Platz im Garten aus. Er erstreckt sich idealerweise von Ost nach West, zeigt also nach Süden. Ist das in Ihrem Garten nicht machbar, wählen Sie einfach den hellsten Ort, der verfügbar ist. Zur Not können Sie ihn ja mit Schattenpflanzen begrünen, die mit kalkhaltigen Böden gut zurechtkommen – wir empfehlen die Nesselblättrige Glockenblume und die Wald-Erdbeere.

Je größer der Hang wird, desto besser – um die 3 m lang, 1 m hoch und 2 m breit sollte er in einem typischen Hausgarten schon sein.

Wenn Sie nicht gerade größere Mengen Kalkgestein zur Verfügung haben, lässt sich ein Hang am besten mit Erdreich anlegen, das bei anderen Projekten wie dem Ausheben eines Naturteichs (siehe Seite 62–71) angefallen ist. Befindet sich auf dem Grundstück noch Bauschutt, kann man ihn ebenfalls verwerten. Der Nährstoffgehalt des Materials selbst ist unerheblich, denn die Pflanzen werden nicht direkt in den Untergrund gesetzt.

Wer einen Erdhügel im Garten hat, kann ihn gut zur Magerwiese umfunktionieren.

Häufen Sie die Erde und eventuell Schutt zu einem Hügel mit Südhang auf und decken Sie die gesamte Fläche anschließend mit Unkrautfolie ab, damit Wildblumen und Gräser optimal einwachsen können. Fixieren Sie die Folie mit großen Steinen.

Nun muss Kalksteinkies her. Man kann ihn mit 20 mm Körnung vom Baustoffhändler beziehen, doch dieses Material ist recht gleichförmig und gar nicht natürlich. Unserer Ansicht nach ist eine Mischung aus Kies verschiedener Körnung und staubfeinem Substrat am besten. Vielleicht bekommen Sie bei einem Steinbruch in Ihrer Nähe etwas in der Art.

Verteilen Sie die Kiesmischung mit einem Schubkarren 15 cm dick auf der über den Hügel gelegten Unkrautfolie. Die Pflanzen werden das Kalkgestein mit der Zeit gut durchwurzeln und sind dann besser gefeit gegen

Wassermangel, was an einem Südhang zum Problem werden kann. Sobald die Kiesschicht verteilt ist, treten Sie sie mit den Füßen fest.

In diesem Stadium kann man, falls man möchte, noch hie und da ein paar größere Felsbrocken platzieren. Sie sorgen nicht nur für optische Abwechslung und natürliche Vielfalt, vor allem wenn man sie unregelmäßig zu Gruppen kombiniert, sondern dienen später auch Reptilien und Amphibien als Versteck und Überwinterungsplatz.

Pflanzentipps

Acker-Witwenblume
Echter Dost
Echter Schaf-Schwingel
Echter Wundklee
Echtes Leinkraut
Gelbes Sonnenröschen
Gewöhnlicher Hornklee
Gewöhnlicher Hufeisenklee
Gewöhnlicher Natternkopf
Gewöhnlicher Rot-Schwingel
Schwarze Königskerze
Skabiosen-Flockenblume
Wiesen-Kammgras
Zittergras

BEPFLANZUNG

Da mit diesem Projekt ein Stück Magerwiesenhang nachempfunden werden soll, brauchen Sie eine ziemlich große Bandbreite an Arten, wie man sie auch in einem vergleichbaren Biotop in freier Natur finden würde. Empfehlungen für geeignete Wildblumen und Wiesengräser finden sie in der Pflanzenliste auf Seite 184–185.

Die Palette der möglichen Arten ist sehr groß, wir legen Ihnen jedoch vor allem den Echten Dost ans Herz: Er lockt im Sommer dank seiner großzügigen Nektarausstattung Unmengen von Insekten an. Eine ausgezeichnete Wahl ist auch der Gewöhnliche Natternkopf. Nur wenige Arten stehen bei Bienen so hoch im Kurs wie diese blauviolette Blume, doch bedienen sich auch der Braunkolbige und Schwarzkolbige Braun-Dickkopffalter gern an seinem Nektar. Keine Magerwiese auf einer kalkigen Böschung allerdings wäre vollständig ohne eine Abordnung aus der Familie der Hülsenfrüchtler: Ob Gewöhnlicher Hornklee, Gewöhnlicher Hufeisenklee oder Echter Wundklee, sie alle lassen die Herzen unzähliger Insekten höher schlagen.

A Gewöhnlicher Hufeisenklee **B** Gewöhnlicher Natternkopf
C Echter Dost **D** Gelbes Sonnenröschen

A
B
C
D

A Große Wollbiene **B** Faulbaum-Bläuling
C Zitronenfalter **D** Blindschleiche

Ideale Zeiträume für das Bepflanzen des Hangs sind das Frühjahr oder der Herbst. Wir besorgen dafür bevorzugt Pflanzen in 9er-Töpfen, da sie schnell einwachsen und in den ersten Monaten besser gedeihen als Jungpflanzen, die in dem stark durchlässigen Kalk leicht austrocknen. Samenmischungen für Wildblumen empfehlen wir für dieses Projekt nicht, da viele Wiesenblumenarten nicht ganz einfach auszusäen sind. Bei einer Topfpflanze braucht man sich wenigstens nicht mehr den Kopf zu zerbrechen, ob sie keimt.

Wildgräser dagegen haben wir schon sowohl als Topfpflanzen wie auch als Saatmischung erfolgreich angesiedelt; zudem sind sie als Topfware oft schwer zu bekommen. Wofür Sie sich auch entscheiden, der beste Pflanz- bzw. Aussaatmonat für sie ist der September oder Oktober nach dem Pflanzen der Wildblumen. Aussaaten sollten nach 4–6 Wochen keimen.

TIERWELT

Weil an einem Kalkhang in der Regel ein heißes Mikroklima mit starker Sonneneinstrahlung herrscht, findet man hier normalerweise andere Tier-

C

D

Gut für

Blauhechel-Bläuling
Blindschleiche
Großes Ochsenauge
Große Wollbiene
Grünes Heupferd
Sandbienen
Schwebfliegen
Waldeidechse
Zwerg-Bläuling

arten als in einer Staudenrabatte. Das Weibchen des Zwerg-Bläulings etwa riecht den Echten Wundklee aus bis zu 10 km Entfernung und legt seine Eier auf ihm ab. Auch Sandbienen fühlen sich auf den stark durchlässigen Hängen wohl. Weil es hier sehr warm ist, finden sich vielleicht sogar Waldeidechsen, Blindschleichen und andere wechselwarme Tiere ein, um ein Sonnenbad zu nehmen.

SO PFLEGEN SIE IHRE MAGERWIESE

Sobald das kalkhaltige Habitat dicht bepflanzt und die Vegetation gut eingewachsen ist, können Sie sich zufrieden zurücklehnen und das Ergebnis Ihrer Arbeit genießen. Viel Pflege braucht der Trockenhang nicht – es genügt ein jährlicher Schnitt der Magerwiese mit der Heckenschere im Frühjahr, nachdem die Vögel die letzten Samen gefressen und die Insekten ihr Winterquartier im Hang verlassen haben.

BLUMEN-WIESEN

Vergessen Sie sterilen, perfekt manikürten Rasen: Mit einer Wildblumenwiese oder einem Blumenrasen tun Sie unzähligen Bestäubern und etlichen anderen Tieren viel Gutes.

EINFÜHRUNG

Eine Wiese ohne den betörenden Gesang der Feldlerche oder das fröhliche Zirpen von Grashüpfern und Grillen? Undenkbar. Großes Ochsenauge und Schachbrettfalter flattern von langen Grashalmen auf, während Schwalben durch die Luft jagen, um sich einige der unzähligen Wieseninsekten zu schnappen. Jeder Quadratmeter Wiese, der verschwindet, ist ein großer Verlust. Leider reden wir nicht mehr nur über Quadratmeter: In Deutschland ist seit den 1970er-Jahren rund ein Drittel der Wiesenflächen verloren gegangen. Erst allmählich beginnen wir zu verstehen, welche Auswirkungen das auf die Tierwelt hat.

Viele von uns verbinden eine bunte Wiese mit lebhaft rotem Mohn, leuchtend gelben Saat-Wucherblumen und himmelblauen Kornblumen, die von Scharen summender Bienen umschwärmt werden. Diese früher als Feldunkräuter erachteten Schönheiten wuchsen auf den nährstoffreichen Böden von Weizen- und Gerstenfeldern und sind typisch für Ackerränder und Fettwiesen. Wegen des Wandels in der Landwirtschaft sind diese Feldblumen in der Landschaft selten geworden. Heute finden wir ihre Farbtupfer zumeist nur noch dort, wo ökologischer Landbau betrieben wird.

Die Biodiversität einer Blumenwiese ist erstaunlich hoch: Auf einem einzigen Quadratmeter findet man bis zu 40 Arten!

Führen wir uns das nostalgische Bild einer Heuwiese vor Augen, sehen wir uns durch hohes, von Margeriten durchsetztes Gras laufen. So ein mehrjähriges Blumenmeer wird mit jedem Jahr in ästhetischer wie auch ökologischer Hinsicht wertvoller. Es muss kaum gepflegt werden, einmal im Jahr am Ende des Sommers mähen genügt. Im Gegensatz zu den einjährigen Feldblumen gedeihen ausdauernde Wiesenblumen auf nährstoffarmen Böden, weshalb diese Wiesen auch als Magerwiesen bezeichnet werden.

Es mag Sie überraschen, aber eventuell haben Sie bereits ein solches Biotop in Ihrem eigenen Hausgarten. Wenn Sie Ihren Rasen seit Jahren weder düngen noch mit Unkrautvernichtern traktieren, wenn Sie ihn gemäht und den Schnittabfall entsorgt haben, dann kann man getrost sagen, dass bei Ihnen eine Blumenwiese nur darauf wartet, wachsen und blühen zu dürfen. Rasen ist ein enorm vernachlässigter Lebensraum, der sich mit wenig Aufwand in eine Wiese zurückverwandeln lässt.

In diesem Kapitel zeigen wir Ihnen, wie es geht – egal, welche der blütenreichen Wiesen Sie zu Hause haben möchten. Tragen wir gemeinsam dazu bei, dass solche wertvollen Habitate für Tiere wieder mehr werden!

Blumenwiesen gedeihen im kleinsten Garten, besonders auf magerem Boden.

MEHRJÄHRIGE BLUMENWIESEN

Wir hören Leute oft sagen: »Ich hätte so gern eine richtige Wiese im Garten, aber mir fehlt der Platz.« Falsch. Wir haben im Lauf der Jahre schon in unzähligen Gärten gearbeitet – und in jeden hätten wenigstens ein paar Quadratmeter Wildblumenwiese gepasst.

Der Irrglaube, dass eine Wiese groß sein müsse, ist weit verbreitet. Und verständlich, wenn man weiß, dass viele dieser Biotope in freier Natur tatsächlich eine ziemliche Fläche einnehmen. Aber 10 m² eines vielfältigen Habitats in einem Garten sind wesentlich besser als 10 ha Grünland, das sich aus nur wenigen, für die Tierwelt größtenteils wertlosen Weidelgräsern zusammensetzen. Wir haben Gartenwiesen erlebt, die botanisch wie ökologisch so vielfältig waren, dass sie das Herz jedes Naturschutzbeauftragten vor Freude hätten höher schlagen lassen.

Gemähte Wege führen durch diese große Blumenwiese mit Skabiosen-Flockenblumen und Acker-Witwenblumen.

VORBEREITUNGEN

Wählen Sie für Ihre Wiese einen sonnigen, relativ durchlässigen Bereich. Mehrjährige Blumenwiesen gedeihen auf mageren Böden. Die Nährstoffe, die in Fettwiesen die Bildung von Obergräsern und mehrjährigen Unkräutern wie dem Stumpfblättrigen Ampfer und der Acker-Kratzdistel begünstigen, sind nichts für sie. Die Anlage einer Magerwiese scheitert oft daran, dass trotz aller Bemühungen ihrer Besitzer einfach von Anfang an zu viele Nährstoffe im Boden sind. Im ersten Jahr steht die Wiese vielleicht noch üppig und farbenfroh da, doch schon im nächsten wird sie wieder von Unkraut und Obergras in Beschlag genommen.

Wenn Sie in Ihrem Garten kalkhaltige oder vielleicht sogar stark durchlässige sandige Böden haben, brauchen Sie sich keine Gedanken machen – zu viele Nährstoffe sind hier sicher nicht vorhanden. Die allermeisten Gärten aber sind mit einem recht nährstoffreichen Oberboden gesegnet. Deshalb müssen Sie dort bis in den Unterboden graben, um eine Blumenwiese anzulegen. Das Freilegen der nährstoffärmeren Schicht unter dem fetten, dunklen Oberboden erfordert einen gewissen Aufwand, doch werden Sie dafür mit einer Wiese erster Klasse belohnt.

Viele sagen, dass sie zwar gern eine Blumenwiese hätten, aber dass ihnen der Platz dafür fehlt.

Es gibt zwei Möglichkeiten, den Unterboden zu nutzen. In beiden Fällen sollten Sie im Juni oder Juli an die Arbeit gehen. Bei der ersten Variante tragen Sie einfach den Oberboden ab. Auf kleinen Flächen bewältigt man das noch mit der Hand, aber für größere Areale braucht man eine Firma, die mit einem Minibagger anrückt. Bis man den Unterboden erreicht, muss rund 15–25 cm tief gegraben werden. Normalerweise erkennt man ihn an der helleren Farbe und der groberen Textur. Der abgetragene Oberboden kann in einem Gemüsegarten verwertet oder auf einem Areal verteilt werden, auf dem die Pflanzung von Bäumen und Sträuchern geplant ist (siehe Seite 28–59).

1

Wildblumensamen keimen besser, wenn der Boden feinkrümelig ist. Mit einem Grubber können Sie das Erdreich entsprechend bearbeiten. Es sollte allerdings trocken sein.

2

Mit Blumenwiesensamen kann man erstaunliche Ergebnisse erzielen. Dieses Foto wurde knapp zwei Jahre nach der Aussaat gemacht. Es hat sich eine üppige, vielfältige Miniwiese entwickelt.

A

B

C

D

Wenn Sie das Bodenniveau nicht einfach durch Abtragen des Oberbodens senken wollen, gibt es eine zweite Möglichkeit. Entfernen Sie dazu erst den Oberboden auf dem für die Wiese reservierten Areal und häufen Sie ihn daneben auf. Als Nächstes tragen Sie eine dicke Lage Unterboden ab und lagern ihn ebenfalls separat. Nun wird der Oberboden wieder auf der Fläche verteilt. Zum Schluss kommt auf diese Schicht der Unterboden. Das ist etwas komplizierter als die erste Option, dafür bleibt das Bodenniveau unverändert.

Sobald die Fläche fertig ist, wird sie für die Aussaat vorbereitet. Dazu gräbt man sie mit der Hand um oder bearbeitet es mit einem Motorgrubber und harkt die Oberfläche, um größere Steine herauszuholen. Da die Erde dank des nach oben gebrachten Unterbodens nun nährstoffarm ist, müsste sie auch unkrautfrei sein, doch wartet man trotzdem noch vier bis sechs Wochen mit der Aussaat, damit in dieser Zeit letzte Unkrautreste austreiben und dann durch neuerliches Umgraben oder Grubbern endgültig entfernt werden können.

Pflanzentipps

Acker-Witwenblume
Echter Dost
Echte Schlüsselblume
Echtes Labkraut
Gemeine Schafgarbe
Gewöhnlicher Hornklee
Margerite
Odermennig
Schwarze Flockenblume
Taubenkropf-Leimkraut
Wiesen-Klee
Wiesen-Sauerampfer

WAS AUSGESÄT WIRD

Wir empfehlen eine Mischung aus rund 80 Prozent Wildgrasarten und 20 Prozent Wildblumen. Sicher finden Sie einen guten Samenhändler, der Sie gern berät oder Ihnen sogar spezielle Mischungen zusammenstellt.

Es sollten vorwiegend mehrjährige Arten angesät werden, doch schadet es auch nichts, ein paar Ein- und Zweijährige darunterzumischen – ja, wir raten sogar dazu. Denn damit serviert man den Bestäubern zum einen ein abwechslungsreicheres Nektarmenü und verlängert zum anderen die

A Margerite **B** Schwarze Flockenblume
C Acker-Witwenblume **D** Stängellose Schlüsselblume

Blühsaison. So kann man beispielsweise einige Feldrand-Einjährige hinzufügen (siehe Seite 129). Sie blühen im ersten Sommer und schützen die kleinen, sich entwickelnden mehrjährigen Blumen und Gräser unter ihnen. Weil sie nur eine Saison leben, lässt sich mit ihrer vergänglichen Blütenpracht die Zeit überbrücken, bis die Wiese im zweiten Jahr richtig in Schwung kommt. Auch Zweijährige wie Wilde Möhre, Karde und Gewöhnlicher Natternkopf erscheinen, sofern ebenfalls ausgesät, zusammen mit den Mehrjährigen und bereichern die Wiese im zweiten Sommer.

Nicht fehlen sollte in der Anfangsmischung der Kleine Klappertopf. Diese halbparasitäre einjährige Pflanze holt sich Nährstoffe aus den Wurzeln anderer Pflanzen, vor allem von Gräsern, die er dadurch etwas schwächt, was die Entwicklungschancen benachbarter Wildblumen verbessert.

Saatgut von Zweijährigen können Sie ab jetzt jeden zweiten Herbst aussäen, wenn Sie möchten. Einjährige sät man dagegen nicht mehr, da sie gegen voll entwickelte Mehrjährige kaum noch Chancen haben.

WIE MAN AUSSÄT

Blumenwiesen werden idealerweise zwischen Mitte September und Mitte Oktober an einem milden Tag ausgesät. Es sollte weder regnen noch zu windig sein, vor allem wenn die Samen sehr fein sind oder auf tonigem Grund ausgesät werden müssen.

Die Samenmenge für Ihre Wiese lässt sich ganz einfach ausrechnen: Man nimmt Länge mal Breite, um die Quadratmeterzahl zu bekommen, und multipliziert sie mit 4 g, der pro Quadratmeter erforderlichen Menge. Sie können das gesamte Saatgut in einem Eimer mit Sand mischen und per Hand aussäen oder eine Sämaschine verwenden. Vorher teilen Sie die Samenmischung aber noch in zwei Portionen. Die eine Hälfte der Samen wird längs gesät, die andere quer dazu, also im 90-Grad-Winkel. So ist eine gleichmäßige Verteilung garantiert. Nach der Aussaat können Sie das Areal mit einer Handwalze bearbeiten, den Boden mit den Füßen festtreten (auf größeren Flächen eventuell mit Helfern!) oder die Samen einharken, damit ein guter Bodenkontakt gewährleistet ist.

Tier und Mensch dürfen die frisch angesäte Wiese zunächst nicht betreten. Nach vier bis acht Wochen zeigen sich normalerweise die ersten Keimlinge. Zunächst werden Sie einen hauchzarten Grasbewuchs erkennen, da

Gräser schneller keimen als Wildblumen. Im Frühjahr wird die Wiese dann ordentlich zulegen und kann gemäht werden (siehe weiter unten).

TIERLEBEN

Ihre Wiese beschert Ihnen nicht nur ein schönes Spektrum an Wildblumen, sondern auch allerlei tierische Besucher, die von dem neuen Habitat angelockt werden. Halten Sie Ausschau nach Sandbienen, die im Boden nisten, oder nach Spitzmäusen, wenn sie durch das Gras huschen. Das Rotbraune Ochsenauge wird sich ebenso einfinden wie der Braune Waldvogel oder das farbenfrohe Sechsfleck-Widderchen, das dem Nektar von Flockenblume und Teufelsabbiss zuspricht.

Am Ende des ersten Sommers sollte die Wiese schon viele Wildblumen enthalten.

PFLEGE EINER MEHRJÄHRIGEN WIESE

Im ersten vollen Sommer mähen Sie die Wiese regelmäßig auf hoher Stufe. Das Mähgut entfernen Sie, um einjährige Unkräuter zu dezimieren, die sich entwickelnden Blumen und Gräser zu stärken und zu verhindern, dass der Boden zu viele Nährstoffe bekommt.

Zum Sommerende sollte die Wiese schon relativ dicht und etwa 60 cm hoch sein. Nun ist sie bereit für die Mahd. Sie kann ab August stattfinden. Sind noch viele nektartragende Blüten geöffnet, sollte man einige Wochen später mähen, damit Insekten ihren Lebenszyklus vollenden und den letzten Nektar genießen können.

Die umweltfreundlichste Mähmethode ist der Schnitt mit einer Heckenschere oder einer Sense, falls Sie mit ihr umgehen können. Das hat den Vorteil, dass kleine Säugetiere, Wirbellose, Amphibien und Reptilien rechtzeitig flüchten können. Mit einer Motorsense geht es zwar schneller und leichter, doch kostet sie selbst in erfahrenen Händen viele Tiere das Leben. Daher sollte sie nur im Notfall und wenn nichts anderes zur Verfügung steht verwendet werden – und auch dann nur mit größter Vorsicht.

A Hauhechel-Bläuling **B** Faulbaum-Bläuling
C Waldeidechse

Nach der Mahd lässt man das Schnittgut ein paar Tage liegen, damit es trocknet und Samen ausfallen. Dann recht man es zusammen und verwertet es, etwa indem man es in stillen Ecken aufhäuft und so Tieren als Lebensraum zur Verfügung stellt (siehe Seite 152–155), unter Bäumen und Hecken als Mulch verteilt oder nach und nach auf den Komposter wirft.

Nehmen Sie die Wiese von Zeit zu Zeit genauer in Augenschein. Wenn manche Flecken besonders grasig sind, sollte man im Oktober dort den Kleinen Klappertopf frisch aussäen. Er bricht die Grasnarbe auf und verschafft Wildblumen mehr Platz, damit sie sich im nächsten Jahr besser aussäen und wachsen können. In den ersten Jahren muss der Klappertopf eventuell öfter zum Einsatz kommen, doch irgendwann wird er sich gut etablieren und nicht mehr extra ausgesät werden müssen.

Im zweiten Jahr lässt man die Wiese bis zur jährlichen Mahd ungehindert wachsen. Die Mahd kann schon im August erfolgen, wir empfehlen

Gut für

- Blindschleiche
- Brauner Waldvogel
- Braune Tageule
- Großes Ochsenauge
- Hauhechel-Bläuling
- Rötelmaus
- Sandbienen
- Sechsfleck-Widderchen
- Sonnenröschen-Bläuling
- Waldeidechse
- Waldspitzmaus
- Zwergspitzmaus

aber den September. Bald sollten die Zweijährigen erscheinen, die man im ersten Jahr gesät hat. Bei korrekter Wiesenpflege müssen Sie normalerweise nichts mehr aussäen, sieht man vom Klappertopf einmal ab. Wird die Wiese aber mit der Zeit an manchen Stellen kahl, ist an diesen Stellen eine Nachsaat im Herbst ratsam. Mit dieser Strategie der jährlichen Mahd erhalten Sie die Vielfalt von Pflanzen und Tieren in Ihrem Wiesenhabitat.

Wenn Sie schon immer Ihre eigene Blumenwiese haben wollten, dann fangen Sie doch gleich mit der Planung an. Egal, ob Sie an einer belebten Großstadtstraße oder inmitten ausgedehnter Monokulturfelder auf dem Land wohnen: Ihre Wiese wird weit und breit die schönste sein!

Einjährige Feldblumen sind zu Sinnbildern des romantischen Landlebens geworden. Ihre Zeit kommt im Juni und Juli.

EINJÄHRIGE FELDBLUMENWIESEN

Manche erinnern sich vielleicht noch an die wogenden Weizenfelder von einst, aus der die roten, blauen und gelben Farbtupfer von Mohn, Kornblumen und Saat-Wucherblume herausleuchteten. Das Blütenspektakel versorgte früher Bestäuber im ganzen Land mit wertvollem Nektar. Leider findet man heute kaum noch Äcker mit Feldblumen. Zurückzuführen ist das auf die intensive Landwirtschaft unserer Tage.

Sie können sich jedoch dem Niedergang der Feldblumen entgegenstemmen, indem Sie Ihre eigene einjährige Feldblumenwiese anlegen. Am einfachsten und schnellsten holen Sie sich ein solches farbenfrohes, nektarschwangeres Biotop durch die Aussaat einer Feldblumenmischung in Ihren Garten. Sie versorgt Insekten mit Nektar und Vögel mit Samen.

Eine außergewöhnliche Farbvielfalt prägt das typische Bild einer ländlichen Feldblumenwiese im Sommer.

A

B

C

D

Einjährige Feldblumenwiesen sind die ideale Vegetation für problematisches Terrain mit viel Sonne. Wenn Sie Tonböden haben, auf denen Stauden nicht gut gedeihen, oder nährstoffreichen Lehm, der für mehrjährige Magerwiesen nicht infrage kommt, sind einjährige Feldblumen die perfekte Lösung.

WAS AUSSÄEN?

Im Laufe der Evolution haben sich Feldblumen an umgebrochene, »gestörte« Böden angepasst. Jährlich beackerte Felder sind somit das ideale Habitat für diese einjährigen Blütenpflanzen. Feldblumensamen kann jahrelang im Boden ruhen, um erst dann zu keimen, wenn er zu Tage gefördert wird. Die Samen des Klatschmohns etwa bleiben Jahrzehnte keimfähig. Die Art gehört neben Acker-Hundskamille, Kornrade, Kornblume und Saat-Wucherblume zu den typischsten Feldblumen – viele ihrer Namen deuten schon auf ihren bevorzugten Lebensraum hin. Mit der Acker-Hundskamille ist auch ein typischer Korbblütler mit von der Partie. Sie ähnelt der Margerite und gedeiht auf sandigen, durchlässigen Böden. Die Kornrade mit ihren einnehmenden rosa Blüten hat sich in den letzten Jahrzehnten sehr rar gemacht und sollte schon allein deshalb angesät werden. Ein atemberaubender Anblick sind die tiefblauen Blüten der Kornblumen vor allem, wenn sie in Gruppen wachsen – Mensch und Bestäuber werden von ihr magisch angezogen. Mit sonnigem Gelb lockt die Saat-Wucherblume, die in jede Feldblumenwiese gehört. Sie ist unkompliziert und lädt vorbeiziehende Insekten mit Nektargeschenken zum Verweilen ein.

Pflanzentipps

Acker-Hundskamille
Klatschmohn
Kornblume
Kornrade
Saat-Wucherblume

DIE WIESE VORBEREITEN

Einjährige Feldblumen sind ausgesprochen anspruchslos, weshalb man unschwer einen Platz für sie im Garten findet. Beachten sollte man bei der

A Kornrade **B** Klatschmohn
C Kornblume **D** Saat-Wucherblume

Standortsuche lediglich, dass sie keine dauerhaft nassen Böden mögen, viel Sonne brauchen und keine größeren Bäume in ihrer Nähe vertragen.

Sobald Sie ein Terrain ausgewählt haben, bereiten Sie den Boden im August lange vor der Aussaat vor, indem Sie ausdauernde Unkräuter jäten, Herbstlaub und große Steine wegharken und den Boden mit dem Spaten oder einem Grubber wenden. Wenn er feinkrümelig daliegt, harken Sie ihn eben und warten Sie vier bis sechs Wochen, damit er sich setzt. In dieser Zeit keimen die verbliebenen Unkräuter. Kaum beginnt das Areal zu ergrünen, wenden und harken Sie das Erdreich erneut. Nun sollte es unkrautfrei sein und kann besät werden.

AUSSAAT

Der ideale Zeitpunkt für die Aussaat einjähriger Feldblumen ist die erste Herbsthälfte zwischen Mitte September und Ende Oktober, da die Samen dann im darauffolgenden Frühjahr kräftig wachsen. Falls Sie die Gelegenheit für eine Aussaat im Herbst verpasst haben, können Sie das im April nachholen. Sollte das Frühjahr aber trocken ausfallen, kommen die Pflanzen nur langsam in die Gänge. Auch ein trockener Mai und Juni bremsen die Keimung. Wässern Sie daher gut, falls die Niederschlagsmenge zu wünschen übrig lässt.

Für größere Flächen mischen wir unser Saatgut mit Sand, damit wir sehen, wo ausgesät ist.

Idealerweise sät man 2–3 g pro Quadratmeter, im ersten Jahr sind 4 g wahrscheinlich sogar noch besser, um eine ordentliche Vegetationsdichte zu erreichen.

Sie können von Hand aussäen, was bei kleineren Flächen von wenigen Quadratmetern kein Problem ist. Für größere Wiesen lohnt es sich, das Saatgut in einem Eimer mit Sand zu mischen, um es zu strecken und genau zu sehen, wo die Samen hinfallen. Eine gleichmäßige Verteilung der Samen erreicht man mit einer Sämaschine bzw. einem Säwagen.

1

Dieser Vorgarten sah ziemlich vernachlässigt und verunkrautet aus. Wir haben die Gelegenheit genutzt und ihn in eine Mini-Feldblumenwiese verwandelt.

2

Nach dem Abräumen der Fläche haben wir den Boden mit dem Grubber gewendet, Unkraut und Steine entfernt und eine feinkrümelige Erdoberfläche geschaffen.

3

Weil die Wiese recht klein war, haben wir sie von Hand angesät. Zuerst gingen wir in einer Richtung über das Areal, dann senkrecht dazu in der anderen.

4

Nach der Aussaat erreichte die Wiese im darauffolgenden Sommer ihren Höhepunkt und veranstaltete vor dem Haus ein Blütenspektakel sondergleichen.

A Steinhummel **B** Schwebfliege
C Sechsfleck-Widderchen

Ganz gleich für welche Aussaatmethode Sie sich entscheiden, wir empfehlen, das Saatgut in zwei Portionen zu teilen. Die eine Hälfte streuen Sie in eine Richtung, die andere im 90-Grad-Winkel dazu in die andere.

Danach treten Sie die Fläche mit den Füßen fest oder drücken Sie das Saatgut mit einer Handwalze an. Sie können auch leicht harken, damit ein guter Kontakt der Samen mit dem Erdreich gewährleistet ist.

TIERLEBEN

Rechnen Sie im Sommer mit einer spektakulären Performance, denn Feldblumen lassen sich nicht lumpen. Das Hummelpublikum weiß die Show besonders zu schätzen: Viele Arten suchen zwischen dem roten Mohn und den himmelblauen Kornblumen nach Nektar. Emsige Bienen fliegen mit goldenem Pollen beladen von Blume zu Blume, und auch Schmetterlinge wie der Hauhechel-Bläuling holen sich ihre Nektarration.

C

Gut für

Ackerhummel
Baumhummel
Dunkle Erdhummel
Gartenhummel
Grüner Scheinbockkäfer
Hellgelbe Erdhummel
Honigbienen
Schwebfliegen
Steinhummel

PFLEGE DER WIESE

Nach der Keimung im Herbst und einer winterlichen Ruhepause legen die Samen im Frühjahr kräftig zu und entwickeln viel grünen Wuchs, um im Sommer ihre Blütenpracht zu entfalten. Ab Mitte Juli produzieren die Pflanzen Samen. Danach mäht man sie. Wir empfehlen dafür Heckenscheren zu nutzen, damit keine Tiere zu Schaden kommen. Das Mähgut rechen Sie weg – man kann es aufhäufen und so neue Lebensräume schaffen (siehe Seite 152–155) oder den Wurzelraum von Bäumen und Hecken damit mulchen. Ist die Wiese abgeräumt, geht man mit dem Grubber über das Areal, um es für eine neuerliche Aussaat vorzubereiten. Da Feldblumen einjährig sind, muss jedes Jahr neu angesät werden. Wir haben schon Nacht-Levkojen und Rauen Sonnenhut mit Erfolg integriert.

Ein Rasen muss nicht zwangsläufig eine sterile Grasfläche sein. Er lässt sich leicht in ein vielfältiges Tierrefugium verwandeln.

BLUMENRASEN

Auf der ganzen Welt gibt es Milliarden Rasenflächen. Das ist eine Menge Gras – und viel zu mähen. Für Naturgärtner hat ein Rasen enormes Potenzial, ist er doch ein großer, sonniger Bereich, der förmlich danach schreit, umgemodelt und tierfreundlicher gestaltet zu werden, etwa als Wiese. Falls das nicht geht, weil es zu viel Arbeit macht oder nicht erlaubt ist (etwa in Mietobjekten), gibt es einen fantastischen Kompromiss: Blumenrasen.

Der Drang zu mähen ist bei vielen Hauseigentümern schon fast zwanghaft. Ob auf Dorfangern oder in Großstadtparks, überall wird Gras gleich behandelt – nämlich kurz gemäht. Damit hindert man bestehende Wildblumen am Blühen und senkt die Überlebensrate kleiner Insekten.

In Blumenrasen lässt man Blütenpflanzen einfach ungehindert wachsen und reduziert zudem das Mähen, sodass eine Miniwiese entstehen kann. Der Umwandlungsprozess dauert oft Jahre, doch wird man schon bald einen enormen Anstieg der Insektenzahl im Garten feststellen.

Dieser Rasen durfte den Sommer über ungehindert wachsen. So konnten sich Mohn und Acker-Hundskamille behaupten.

1

Vor dem Einpflanzen stellen wir die Pflanzen mit etwa 30–60 cm Abstand zueinander auf, wo sie später wachsen sollen. So erreichen wir eine gleichmäßige Verteilung und bekommen eine Vorstellung, wie der Blumenrasen einmal aussieht.

2

Nachdem wir hier das Gras zum ersten Mal wachsen ließen, zeigten sich bald Blüten. Diese Bienen-Ragwurz etwa wartete nur auf eine Gelegenheit zu blühen.

EINEN BLUMENRASEN ANLEGEN

Die ideale Zeit, um das Projekt in Angriff zu nehmen, ist das Frühjahr oder der Herbst, genauer gesagt der April oder Oktober, wenn der Boden so warm und feucht ist, dass die Pflanzen gut einwachsen.

Als Erstes mähen Sie den Rasen auf niedrigster Stufe. Das mag zunächst kontraproduktiv erscheinen, aber von jetzt an behandeln Sie die Grünfläche als Wiese und nicht als makellosen, aber sterilen Grasteppich. Durch den radikal kurzen Schnitt entstehen kahle Stellen, in die neue Pflanzen gesetzt werden können. Nach dem Mähen sammeln Sie den Grasschnit auf und kompostieren ihn oder nutzen ihn als Mulch.

Nun schnappen Sie sich einen Gartenrechen (ideal ist ein Laubbesen) und harken das Areal noch einmal gründlich. Damit werden alle Grasreste sowie Filz und Moos entfernt, was weitere Stellen für die Bepflanzung frei macht. Auch dieses Material können Sie als Mulch nutzen oder auf einen Haufen geben (siehe Seite 152–155). Die Bepflanzung kann beginnen.

WAS PFLANZEN?

Bei näherer Betrachtung enthält ein bestehender Rasen oft ziemlich viele sogenannte Unkräuter. Dabei handelt es sich im Grunde um hübsche Wildblumen, wie Gewöhnliches Ferkelkraut, Wiesen-Klee, Kleine Braunelle und Scharbockskraut. Sie haben sich an ihren Lebensraum angepasst und wachsen kriechend, um den Mähermessern zu entkommen. Zur Blüte gelangen sie nur selten.

Setzen Sie größere Topfpflanzen ein, da sie dem Konkurrenzdruck durch das Gras besser gewachsen sind.

Neben diesen von Haus aus vorhandenen Wildblumen wollen Sie Ihren Blumenrasen vielleicht noch um eine Handvoll neuer Arten bereichern (siehe Seite 182–186). Mehr als zehn Exemplare pro Quadratmeter sollten es nicht sein. Wählen Sie ein breites Spektrum mit möglichst vielen unterschiedlichen Arten. So ist sichergestellt, dass die ganze Saison über eine große Vielfalt an Blüten den Rasen bereichert und Nektar produziert. Gleichzeitig werden dann auf alle Fälle ein paar Arten dabei sein, die langfristig überleben. Wir empfehlen, mindestens zehn Arten zu pflanzen, dann sollten sich wenigstens sechs davon dauerhaft halten.

Informieren Sie sich bei der Zusammenstellung über die Blütezeiten und den Wuchs, um herauszufinden, wie viel Sie brauchen und wie Sie die Arten am besten arrangieren. Die Schwarze Flockenblume etwa bildet als Einzelpflanze einen recht hohen und breiten Horst, während die Echte Schlüsselblume besser in Gruppen funktioniert, da sie im Frühjahr blüht, wenn noch nicht viel Vegetation um sie herum existiert.

Oft wird zwar für die Aufwertung bestehender Rasenflächen die Pflanzung preiswerterer Setzlinge empfohlen, doch wir haben mit größeren Pflanzen in 9er-Töpfen wesentlich mehr Erfolg und fahren damit oft auch billiger. Denn eine große, gut eingewurzelte Wildblume überlebt leichter als ein kleiner Setzling, der sich gegen wüchsige Gräser behaupten muss.

Sobald Sie mit der Verteilung im Rasen zufrieden sind, heben Sie mit einer Handschaufel ein Loch für jede Pflanze aus, in das der Ballen gut hineinpasst. Ziehen Sie die Pflanze aus dem Topf und lockern Sie einige Wurzeln. Nachdem Sie den Ballen in das Pflanzloch gesetzt haben, füllen Sie Erde um ihn herum ein und drücken Sie sie fest. Komposterde oder Dünger ist nicht notwendig – einheimische Wildblumen sind sehr genügsam.

Sind alle Pflanzen in der Erde, säen Sie noch eine Wildblumenmischung aus,

Pflanztipps

Echte Schlüsselblume
Echtes Labkraut
Esparsette
Gänseblümchen
Gemeine Schafgarbe
Gewöhnlicher Hornklee
Kleine Braunelle
Löwenzahn
Scharfer Hahnenfuß
Stängellose Schlüsselblume
Wiesen-Klee
Wiesen-Sauerampfer

A Echte Schlüsselblume **B** Margerite
C Wiesen-Klee **D** Gewöhnlicher Hornklee

A
B
C
D

A Sonnenrosen-Bläuling **B** Gefleckte Weinbergschnecke
C Amsel **D** Goldzünsler

um ein paar zartere Gräserarten ins Spiel zu bringen und kahle Stellen zu schließen. Zum Schluss wird gut gewässert, selbst bei Regen und feuchtem Boden. Das Gießen schwemmt Erde um die Wurzeln der frisch eingesetzten Pflanzen und unterstützt den Keimprozess der Grassamen.

TIERLEBEN

Abgesehen von den üblichen Verdächtigen wie adulten Schmetterlingen und Bienen, dienen die Blumen auch Insekten wie Asseln, Spinnen und Raupen als Lebensraum.

EINEN BLUMENRASEN PFLEGEN

Wenn Sie die Wildblumen im Frühjahr pflanzen, sollten Sie mindestens einen Monat warten, bis Sie wieder – auf hoher Stufe – mähen. Wachsen die Neuankömmlinge nur schwach, spart man sie beim Mähen aus und hält

C

D

Gut für

Asseln

Gartenkreuzspinne

Gefleckte Weinbergschnecke

Goldzünsler

Hundertfüßer

Igel

Sonnenrosen-Bläuling

nur das Gras um sie herum kurz. Sobald sie ordentlich zulegen, kann man aber über sie hinwegmähen. Anschließend sollte regelmäßig und auf hoher Stufe gemäht und der Schnittabfall weggeräumt werden. Im ersten Sommer blühen vielleicht nur wenige Pflanzen, da sie ihre Energie zuerst in die Wurzelbildung stecken. Pflanzt man sie erst im Oktober, lässt man sie im Winter in Ruhe und beginnt im Frühjahr das Gras alle zwei bis vier Wochen zu mähen.

Ansonsten ist die wichtigste Pflegemaßnahme im Lauf der Saison das Mähen im März, April und Mai. Ab Juni kann man wahrscheinlich alles den Sommer über sechs bis acht Wochen in Ruhe blühen lassen. Das ist das Schöne am Blumenrasen: Er darf so oft gemäht werden, wie es einem selbst und den Blumen behagt.

Man muss kein Waldbesitzer sein, um sich eine kleine Lichtung mit einer Waldwiese als Tierparadies einzurichten.

WALDWIESEN

In vielen Gärten stehen altehrwürdige Bäume, die jeder für sich ein wertvoller Lebensraum sind. Weil sie aber viel Streu- oder sogar Vollschatten werfen, ist eine Bepflanzung direkt darunter oft problematisch, nicht zuletzt auch wegen der Trockenheit dort. Manchmal wächst unter den Kronen scheinbar sogar überhaupt nichts mehr. Aber wie so oft bietet die Natur selbst die Lösung.

Man stelle sich nur eine Waldlichtung vor, mit Fingerhüten und Schlüsselblumen so weit das Auge reicht. Die farbenfrohen Blüher dort kommen problemlos mit den Bedingungen im Schatten von Baumkronen zurecht. Etliche Blütenpflanzen, vor allem heimische Arten, gedeihen in einem solchen Biotop. Wenn man also diese Lebensräume in einem Gartenkontext nachempfindet, sollte dort eine Schattenwiese entstehen, die für Wirbellose eine veritable »Nektartankstelle« sein kann.

Die Roten Lichtnelken am Rand dieser Waldlichtung rufen das Waldbrettspiel, einen Schmetterling, auf den Plan.

A

B

C

D

BEPFLANZUNG

Man kann eine einzelne Birke oder eine ganze Gehölzgruppe unterpflanzen, wichtig ist nur, dass man ein breites Spektrum an Arten wählt, damit auf alle Fälle ein paar gedeihen und die gesamte Saison hindurch blühen. Dann wird man schon sehr bald das gemütliche Brummen der Hummeln hören können, die den Fingerhut besuchen, und sich an Veilchenteppichen erfreuen können.

EINE WALDWIESE ANLEGEN

Waldwiesen legen Sie am besten im März an, solange die Bäume noch kahl sind. Möglich ist es auch ein bisschen später, wenn der Boden schon wärmer ist und noch keine trockenen Sommerbedingungen herrschen.

Als Erstes räumt man das Areal frei, indem man unerwünschte Vegetation und abgefallenes Laub entfernt. Man kann die Pflanzenreste zu Haufen auftürmen, die selbst als Lebensraum dienen (Seite 152–155). Außerdem ist Herbstlaub ein ausgezeichneter Mulch für andere Bäume und Sträucher.

Ein Umgraben erleichtert das Einpflanzen der Blumen, aber größere Baumwurzeln können es unmöglich machen. Oft muss man den Boden auch gar nicht bearbeiten, weil durch jahrelange Humusbildung ein lockeres Erdreich entstanden ist. Meist aber wird man es mit einem trockenen, harten Boden zu tun haben. In diesem Fall ist es am einfachsten, nur die Pflanzlöcher auszuheben.

Suchen Sie sich aus der Pflanzenliste auf Seite 185 ein paar Arten heraus. Wir verwenden gern Topfpflanzen in 9er-Töpfen anstelle von Setzlingen, weil sie rasch einwachsen, sodass schon im ersten Frühjahr und Sommer

Pflanzentipps

Bärlauch
Hain-Veilchen
Knoblauchsrauke
Maiglöckchen
Rote Lichtnelke
Roter Fingerhut
Scharbockskraut
Schlüsselblume
Schneeglöckchen
Stinkende Nieswurz
Waldmeister
Wald-Ziest

A Schachbrettblume **B** Roter Fingerhut
C Knoblauchsrauke **D** Stängellose Schlüsselblume

A Waldbrettspiel **B** Balkenschröter
C Rotkehlchen **D** Waldeidechse

ein paar Blüten zu sehen sein werden. Ab dem zweiten Jahr dürfen Sie mit einem regelrechten Blütenmeer rechnen. Pflanzen Sie Exemplare der gleichen Art möglichst in Gruppen. Insekten bevorzugen größere Ansammlungen ein und derselben Nektarquelle. Zudem sieht ein Horst aus Roten Lichtnelken besser aus als verstreute Einzelkämpfer. Verteilen Sie die Pflanzen in ihren Töpfen auf dem Areal und setzen Sie sie erst in die Erde, wenn Sie mit dem Arrangement zufrieden sind. Eingepflanzt wird wie auf Seite 138 beschrieben. Danach gründlich angießen.

Wer eine für Waldlichtungen typische Wiese anlegen möchte, kann eine Waldwiesen-Samenmischung zwischen die Blumen säen und den gesamten Bereich auf hoher Stufe mähen, sobald die Gräser und Wildblumen eingewachsen sind (siehe Seite 122–123). Das fördert den Graswuchs und bietet Schmetterlingen wie dem Waldbrettspiel einen Lebensraum, da er seine Eier auf Gräser wie das Knäuelgras und die Wald-Zwenke legt.

C

D

Gut für

- Amsel
- Blindschleiche
- Buntspecht
- Waldbrettspiel
- Waldeidechse
- Waldkauz
- Waldmaus
- Zilpzalp
- Zitronenfalter

TIERLEBEN

Der waldrandähnliche Lebensraum lockt eine Vielzahl von Tieren an. Mit dem Nektar der Wildblumen ist vor allem frühjahrsaktiven Insekten wie den ersten Hummeln geholfen, aber auch Zitronenfaltern, die gern Schlüsselblumen anfliegen.

PFLEGE

Eine Waldwiese lässt sich leicht pflegen. Man mäht sie einfach im Spätsommer (siehe Seite 123), harkt die Fläche noch vor dem Laubfall und wirft die Reste auf einen Haufen (siehe Seite 152–153). Bis zum nächsten Frühjahr gibt es dann nichts mehr zu tun. Bilden sich kahle Stellen, weil einige Pflanzen nicht überlebt haben, pflanzt man einfach nach oder sät eine spezielle Waldwiesen-Samenmischung aus.

NOCH MEHR TIERE ANLOCKEN

Geben Sie Ihrem Naturgarten den letzten Schliff, um noch mehr Vögel, Bienen und Reptilien anzulocken. Mit den folgenden Tipps und Tricks machen Sie Ihr grünes Reich zum Super-Biotop für die heimische Fauna.

EINFÜHRUNG

Wir durften im Laufe der Jahre vielen großartigen Naturgärten einen Besuch abstatten. Ihre Besitzer haben oft Jahre, ja Jahrzehnte, daran gearbeitet, Tieren eine Zuflucht zu bieten. Sie haben Wiesen angelegt, Teiche ausgehoben, Terrassen durch Blumenrasen ersetzt und sogar Wäldchen gepflanzt. Diese bemerkenswerten Lebensräume beherbergen einen beeindruckenden Artenreichtum und lassen einen sogar vergessen, dass man sich in einem Garten befindet! Aber selbst in diesen grünen Räumen dauert es nicht lange, bis wir den Besitzern etliche Tipps geben können, mit denen sie die Zahl heimischer Tierarten weiter erhöhen können.

Es gehört zu den großen Vorzügen tierfreundlicher Gärten, dass man immer etwas draufsetzen und das Artenspektrum noch ein Stückchen erweitern kann ... und noch eines ... und noch eines. Es macht einfach einen Riesenspaß, zuzusehen, wie die ersten Molche den neuen Teich erkunden, die ersten Igel durch die Miniwiese stöbern und die ersten Zwergfledermäuse auf Insektenjagd über der Naturhecke umherschwirren.

Aber was, wenn der Molchnachwuchs den Teich verlässt: Wo frisst und überwintert er? Gibt es einen sicheren Ort, wo Igel ihre Jungen zur Welt

Mit einem Teich und vielen Pflanzen machen Sie Ihren Garten zur Tieroase. Es gibt jedoch weitere Möglichkeiten, ihn für die heimische Fauna einladend zu gestalten.

bringen und den Winter überleben können? Wie gelangen Vögel sicher zu den Vogelhäuschen? Wie viele hohle alte Bäume finden Fledermäuse in der Umgebung? Muss man vielleicht Kästen für sie aufhängen?

Obwohl Ihr Garten inzwischen alle wichtigen Lebensräume – Wald, Teich, Nektarrabatte, Wiese – enthält, gibt es noch viel mehr, was Sie tun können, um wichtige Arten dazu zu bringen, ihn zu besuchen oder sogar dauerhaft Quartier in ihm zu beziehen. In diesem Kapitel befassen wir uns mit den Extras, die einen tierfreundlichen Garten zu etwas Besonderen machen. Für jedes Know-how und jede Gartengröße ist etwas dabei, von einfachen Holzstößen über Vogel- und Fledermauskästen bis hin zu einem Komposter, der nebenbei noch als Unterschlupf für Reptilien taugt.

Keine Sorge: Sie müssen nicht alles in Ihren Garten hineinpacken. Wer keine Trockenmauer will, für den tut es auch ein Steinhaufen. Und wer nicht die Zeit für den Bau eines Nistkastens hat, kann einen kaufen. Hier geht es nicht um das Abarbeiten einer Checkliste. Fragen Sie sich einfach realistisch, was Sie noch für Tiere tun können. Vielleicht ist es ja gerade dieser letzte Touch, der Ihren Garten endgültig zum Tierparadies macht.

Steine, Grasschnitt, Äste und Laub sind kein Abfall: Sie sind das Baumaterial für wertvolle Lebensräume.

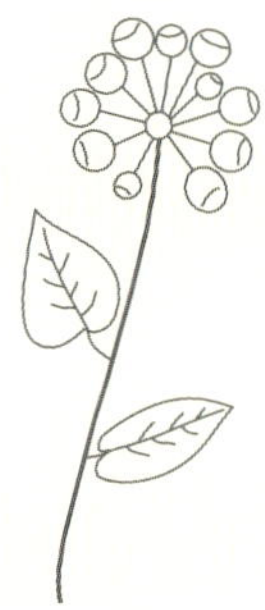

HAUFEN

Nichts ist wertlos im Naturgarten. Wer Grasreste, den Schnittabfall von Sträuchern und die beim Gärtnern oder Ausheben eines Teichs aus der Erde geholten Steine als unnütz abtut, liegt falsch. Dieser vermeintliche Abfall lässt sich gut zur Schaffung von Lebensräumen verwenden. Damit löst man das Entsorgungsproblem und tut zugleich der Tierwelt einen Gefallen (siehe Seite 156–159). Schon mit nur einem der nachfolgenden Projekte erweitern Sie die Zahl der Tierarten, die Ihrem Garten einen Besuch abstatten oder ihn sich sogar zur dauerhaften Bleibe erwählen.

GARTENABFALLHAUFEN

Er gehört zu den einfachsten Haufen und ist im Wesentlichen ein Berg aus Reisig, Laub, Heu und Grasschnitt. Man platziert ihn am besten am Rand einer Wiese, hinter einem Coppicing-Gürtel oder unter einer Naturhecke.

Das Fundament des Haufens bilden größere Äste. Darauf kommen kleinere Zweige und sonstige Gartenabfälle. Das ist schon alles. Mit einem

Eine Waldeidechse nimmt auf einem Holzstapel ein morgendliches Sonnenbad.

solchen Lebensraum schaffen Sie ein ausgezeichnetes Winterquartier für Igel, bieten Vögeln Nistplätze (vor allem in größeren Haufen) und kleinen Säugetieren ein Versteck. Jeden Herbst wird einfach der Wiesen- und Strauchschnitt darauf geworfen. Das ist viel besser, als ihn zu verbrennen.

EIN ABGEDECKTER HAUFEN

Das ist die erweiterte Version des Gartenabfallhaufens und ein vorzüglicher Lebensraum für Ringelnattern. Er gehört in eine stille Gartenecke, wo kaum etwas los ist, genug wilde Vegetation als Versteck wächst und die Sonne zumindest in der ersten Tageshälfte scheint.

Auch er ist schnell angelegt. Wie beim Gartenabfallhaufen bilden Stämme, Äste und Zweige die Basis. Darüber kommen Laub, Rasenschnitt und Blumenwiesenheu in Schichten. Nachdem alles aufgehäuft ist, deckt man das Konstrukt mit Resten einer Teich- oder Plastikfolie ab und fixiert diese an den Rändern mit Steinen oder Rundhölzern. Darunter »schwitzt« der Haufen, was den Zersetzungsprozess beschleunigt und ein warmes, feuchtes Milieu schafft. Zugleich ist er für seine Bewohner ein nützliches Versteck, in dem sie vor Fressfeinden sicher sind (siehe auch den reptilienfreundlichen Komposthaufen auf Seite 156–159).

Ringelnattern jagen gern in Gärten mit Teichen nach Amphibien. In abgedeckten Haufen (und Kompostern) legen sie im Juli mit Vorliebe ihre Eier ab. Da die Jungen im August und September schlüpfen, lässt man den Haufen zwischen Juni und September in Ruhe. Frisches Material kann im Oktober und wieder ab April, wenn die Schlangen aus der Winterruhe erwacht sind, hinzugefügt werden.

HOLZSTOSS

Ein Holzstoß gehört in jeden tierfreundlichen Garten. Platzieren Sie ihn in einer Gehölzgruppe, unter einer Hecke oder in einer hohen Wiese. Das Holz sollte von heimischen Arten wie Esche, Eiche und Linde stammen. Ein Holzstoß muss buchstäblich gut geerdet werden, weshalb man die untersten Stücke halb im Boden vergräbt. Der holzige Lebensraum ruft Käfer wie den Balkenschröter auf den Plan, dessen Larven sich von weichem, morschem Holz ernähren. Auch Asseln, Hundertfüßern, Tausendfüßern, Spinnen und Würmern behagt das kühle, feuchte Habitat.

A Statt Gartenabfälle zu entsorgen, schichten Sie lieber einen Haufen auf. **B** Ein Schnellkäfer durchstreift einen Holzstoß.

Sie müssen keine saubere Pyramide aufschichten. Es reicht, das Holz wie zufällig, aber stabil übereinanderzulegen und darauf zu achten, dass ausreichend Lücken für Amphibien und kleine Säugetiere bleiben. Vielleicht lassen sich bald Wald- und Rötelmäuse im Inneren des Stoßes nieder. Frösche, Kröten und Molche verkriechen sich ebenfalls gerne in Haufen oder überwintern dort sogar. In den wärmeren Monaten kann man womöglich sogar Eidechsen obenauf ein Sonnenbad nehmen sehen.

STEINHAUFEN

Auch Steinhaufen sind ein willkommener Unterschlupf. Man schichtet sie aus Steinen und Schutt auf, den man im Garten findet. Besonders überwinternde Reptilien und Amphibien fühlen sich darin wohl. Wir errichten sie deshalb gerne in der Nähe von Teichen oder in Wiesen, dem natürlichen Lebensraum von Waldeidechsen, Blindschleichen und Ringelnattern.

Die größten Steine kommen nach unten, die kleineren obenauf. Der Haufen sollte nach oben hin schmaler werden, damit er stabil steht. Viele Tiere werden ihn das ganze Jahr zu schätzen wissen, ganz gleich, ob er klein oder groß ist und im Schatten oder in der Sonne liegt.

Ein Komposter macht nicht nur beste Erde aus Garten- und Küchenabfällen, er dient auch vielen Tieren als Lebensraum.

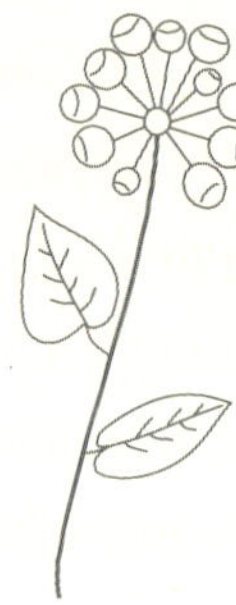

EIN KOMPOSTER FÜR REPTILIEN

Wenn man weiß, wie leicht sich Küchen- und Gartenabfälle in Komposterde verwandeln lassen, ist es unverständlich, warum so viele Gartenbesitzer noch immer Substrate in Plastiksäcken kaufen, vor allem wenn sie auch noch Torf enthalten. Der Torfabbau zerstört wertvolle Moorhabitate und setzt Unmengen an Kohlenstoffdioxid frei (siehe Seite 80).

Dabei ist es so einfach, eigene Komposterde zu bekommen. Sie brauchen dafür nur eine gewisse Menge kompostierbarer Materialien (siehe Seite 158) und einen Behälter, in den sie geworfen werden. Den kann man gut selbst basteln. Unsere rustikale Version taugt auch als Zuflucht für wärmeliebende Reptilien wie Blindschleichen (beinlose Echsen, für die Schnecken Leckerbissen sind, womit sie sich als ausgezeichnete Schädlingsvertilger empfehlen) und Ringelnattern (ungiftige Schlangen).

Wechselwarme Blindschleichen (oben) und Ringelnattern (unten) genießen die Wärme eines Komposthaufens.

DER BAU DES KOMPOSTERS

Wir haben unseren Komposter aus Wellblech gebaut. Das Schneiden ist nicht ganz einfach, wenn man noch nie mit Metall gearbeitet hat, weil man Augen-, Ohren- und Gesichtsschutz braucht. Man kann einen Komposter aber auch aus alten Holzrettern zimmern. Er sollte mindestens 90 cm breit, 60 cm lang und 100 cm hoch sein. Dafür brauchen Sie zwei Paneele à 100 × 60 cm für die Seiten und zwei à 90 × 60 cm für Vorder- und Rückseite. Wenn Sie Platz haben, nutzen Sie ihn: ein Komposter mit mehr Volumen erwärmt sich im Inneren stärker, was viele Tiere in den kalten Monaten schätzen. Der Komposter gegenüber ist 200 × 100 × 200 cm groß und vorn halb offen, damit man leichter ins Innere gelangt.

Ideal als Standort ist eine Schmuddelecke im Garten, die morgens in der Sonne liegt. Das ist wichtig für Reptilien, damit sie sich wärmen können, bevor sie sich auf Nahrungssuche machen. Mit einer Pfahlramme oder einem Vorschlaghammer schlagen Sie zunächst vier Pfosten exakt senkrecht in die Erde – sie bilden die Ecken. Nun wird das vordere Paneel angeschraubt. Lassen Sie unten eine mindestens 8 cm hohe Lücke, damit Tiere ins Innere schlüpfen können. Anschließend werden die übrigen Seitenteile so an den Pfählen befestigt, dass sie bis zum Boden reichen. Mit einer Wasserwaage prüfen Sie immer wieder, ob alles exakt senk- oder waagrecht ist. Zum Schluss werden die Pfähle gekürzt, falls sie überstehen.

KOMPOSTERDE ANSETZEN

Damit die Pflanzenreste zu Komposterde werden, brauchen Sie rund 25–50 Prozent grünes und 50–75 Prozent braunes Material. Es dauert etwa ein Jahr, bis die Erde fertig ist. Ob es so weit ist, können Sie im Oktober nachsehen, wenn keine Gefahr mehr besteht, dass man im August und September schlüpfende Ringelnattern stört, und wenn sich noch keine Tiere zum Überwintern zurückgezogen haben. Dann wendet man den Inhalt oder, falls die Erde fertig ist, leert den Komposter.

Grünes Material

Grasschnitt

Laub und Kraut

Küchenabfälle, nicht gekocht

Braunes Material

Heckenschnitt

Hackschnitzel

Papier und Karton

Befestigen Sie das Wellblech mit Außenschrauben. Zwischen Boden und Unterkante des vorderen Wellblechs lässt man 8 cm Abstand.

Als unterste Schicht kommt eine dicke Lage Zweige in den Haufen, damit Luft in das Material gelangt und Tiere Platz zum Verkriechen haben.

Werfen Sie Laub, Staudenreste, Gras, weiteres Laub usw. auf den Haufen. Wenn sich das Material zersetzt, sackt es zusammen und es entsteht Wärme.

Als »Dach« verwenden Sie Wellblech oder Dachpappe, die Sie mit der schwarzen Seite oben drehen. Das Material im Komposter muss gut abgedeckt sein.

Machen Sie Ihren Garten zur Geburtsstätte vieler neuer Vogelgenerationen, indem Sie ihnen Nahrung, Wasser und ein Zuhause bieten.

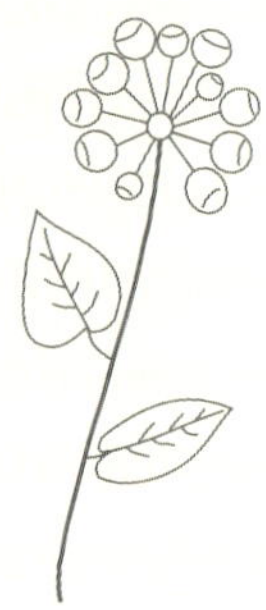

NISTKÄSTEN UND FUTTERHÄUSCHEN

Zu unseren schönsten Kindheitserinnerungen gehört der Tag, als unser Vater einen Nistkasten aus Holz zimmerte und ihn im alten Apfelbaum im Garten befestigte. Noch am selben Nachmittag beobachteten wir begeistert, wie ein Pärchen Blaumeisen den neuen Kasten inspizierte. Immer wieder flogen sie hinein und heraus. Gelegentlich erschien ein kleines Vogelgesichtchen im Einflugloch. Einer der Vögel pickte ewig am Loch herum. Als das Pärchen schließlich davonflog, wussten wir, dass wir mehr Nistkästen aufhängen mussten.

Ältere Gebäude bieten oftmals reichlich Nistgelegenheiten. So ziehen Stare ihre Brut gern hinter alten Windbrettern auf, während Kohlmeisen in Steinmauern und Mehlschwalben unter Traufen nisten. Bei einem Spaziergang durch heutige Innenstädte oder Siedlungen aber wird schnell klar,

Dieser Nistkasten inmitten von Weißdorn ist perfekt positioniert für Blaumeisen, die viel Bewuchs als Schutz brauchen.

A

B

C

D

dass unsere Höhlenbrüter es nicht mehr leicht haben. Kurzum: Wir brauchen mehr Nistkästen.

Es gibt online verschiedenste Kästen zu kaufen, darunter solche speziell für Arten wie Baumläufer und Eulen. Man kann sie aber auch selbst basteln. Weiter unten finden Sie eine Bauanleitung für einen einfachen Kasten. Wofür Sie sich entscheiden, ist egal, Sie müssen den Kasten nur im Spätwinter vor der Brutzeit an einem Baum oder einer Wand anbringen.

EINEN NISTKASTEN BAUEN

Als Erstes sollten Sie überlegen, welche Vogelarten Sie anlocken möchten. Es ist vielleicht etwas überambitioniert, neben einem kleinen Naturteich in der Stadt eine Plattform für ein Fischadlerhorst anzulegen, aber Nistkästen für Blau- und Kohlmeisen, Stare, Rotkehlchen und Zaunkönige sind schon realistischer. Aus der Tabelle auf Seite 186 ersehen Sie, welchen Kasten Sie brauchen und wo er aufgehängt werden muss. Weitere Infos bekommen Sie auf den Webseiten von Natur- und Vogelschutzorganisationen. Bauen Sie die Kästen aus Holz nachhaltiger Quellen – druckimprägniertes Holz von Laubbäumen ist ideal. Wir verwenden für einen Standard-Nistkasten mit kleinem Einflugloch 15 cm breite und 2,5 cm dicke, sowie für einen größeren Kasten 20 cm breite und 2,5 cm dicke Bretter. Sie können auch unbehandeltes Nadelbaumholz verwenden, das aber rascher verwittert und deshalb behandelt werden muss.

Das Holz wird mit 50 x 4 mm-Schrauben für Außenbereiche verschraubt,

> Wenn eine Blaumeise in Bäumen nach Raupen sucht und im Nistkasten Junge aufzieht, haben Sie alles richtig gemacht.

A Diesen Nistkasten für Rotkehlchen haben wir an eine Nordwand gehängt. **B** Hausspatzen sind gesellige Vögel. Für sie hängen wir Koloniekästen auf. **C** Diese runden Nester werden von Mehlschwalben genutzt. Die Kolonie besteht inzwischen aus 14 Paaren. **D** Ein Nistkasten für Blau-, Kohl- und Tannenmeisen aus einem Haselnussstamm.

denn sie halten viele Jahre und können wiederverwendet werden, wenn man den Kasten zerlegt. Das Dach befestigen wir mit einem wetterbeständigen Scharnier, falls wir es aufklappen wollen, oder schrauben es fest. Ist der Kasten wetterfest und zugfrei, werden ihn die Vögel annehmen. Zum Schluss bohrt man 5 mm dicke Abzugslöcher in den Boden.

> Katzen sind die größte Bedrohung für Vögel. Nistkästen und Futterhäuschen müssen für ihre Pfoten unerreichbar sein.

STANDORTWAHL

Der Nistkasten sollte in etwa in nordöstliche Richtung zeigen, damit es der Brut zur wärmsten Tageszeit nicht zu heiß wird. Er muss für Katzen unerreichbar sein. Man befestigt ihn mit Schrauben und Wandhalterungen an Gebäuden und platziert ihn an Stützpfosten und mit Draht in Bäumen.

An einem günstigen Platz bleibt der Nistkasten nicht lange leer. Stören Sie die Vögel während der Brutzeit nicht, vor allem nicht wenn der Nestbau abgeschlossen ist, da das Weibchen in dieser Zeit vermutlich auf den Eiern sitzt. Solange die Eltern regelmäßig Futter in den Kasten bringen, wissen Sie, dass es den Jungen gut geht. Haben die jungen Vögel das Nest verlassen, lässt man den Kasten noch bis Herbst hängen und holt dann das alte Nistmaterial heraus, da es vermutlich Parasiten wie Flöhe enthält.

FUTTERHÄUSCHEN

Die Wahl des passenden Standorts ist das Wichtigste bei der Vogelfütterung. Kein Vogel wird einen Futterspender besuchen, der in der Mitte einer freien, unbewachsenen Fläche steht. Die Tiere brauchen einen Platz, zu dem sie von einem nahen Strauch oder Baum aus sicher zum Futter gelangen und von dort wieder wegfliegen können, ohne einem Fressfeind wie einer Katze zum Opfer zu fallen. Sichere Zufluchtsorte sind beispielsweise Weißdorn, Hunds-Rose und Stechpalmen (siehe Seite 52–57).

A Mit Nigersamen lockt man Bergfinken an.
B Hausspatzen lieben Fettknödel.

Die Entfernung zum Häuschen sollte höchstens 2m betragen. Ideal sind hohe Sträucher und Bäume, etwa eine Hänge-Birke oder Erle und ein Apfelbäumchen oder eine Eberesche daneben, sodass die Vögel sich im Schutz dichter Kronen nach unten zum Futterhäuschen vorarbeiten können.

Steht der Standort fest, geht es um die Menüwahl. Füllen Sie das Futterhäuschen mit einer Mischung, die zu einem großen Teil aus Sonnenblumensamen und weiteren Samen wie Braun- und Rispen-Hirse, Kanariengras, geschrotetem Mais, Haferflocken und Rapssamen besteht. Auch Erdnüsse sind ein hervorragendes Futter für viele Arten, etwa Buntspechte, Kleiber und Meisen, und dank ihres hohen Energiegehalts vor allem für die Herbst- und Wintermonate geeignet. Meisenknödel sollten vegan sein, denn wir halten es für unethisch, Vögel mit tierischen Produkten zu füttern. Eine wichtige Winternahrung sind Äpfel; vor allem Wacholder- und Rotdrosseln sowie Amseln sind bei rauem Winterwetter dankbare Abnehmer. Futterhäuschen müssen etwa alle drei Monate gereinigt werden.

Zu guter Letzt brauchen Vögel sauberes Wasser zum Trinken und Baden. Wer keinen Teich hat, stellt eine flache Schüssel oder ein Vogelbad auf.

Insekten leisten wertvolle Arbeit. Sie bestäuben Blüten und liefern Nahrung. Daher ist kein Naturgarten vollständig ohne Insektenhotel.

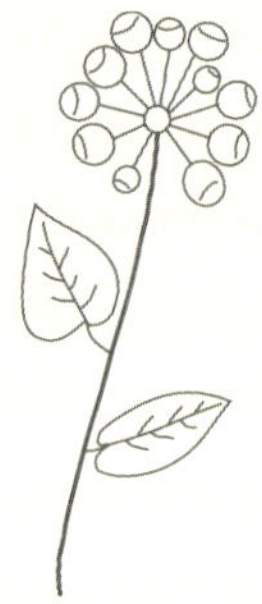

INSEKTENHOTELS

Kaum eine Woche vergeht ohne weitere Hiobsbotschaften über das Insektensterben und vor allem den Rückgang von Bestäubern. Durch den Verlust an Lebensräumen, den Klimawandel und die intensive Landwirtschaft stehen fast 10 Prozent der Wildbienenarten in Europa vor dem Aus. Natürlich wollen wir alle etwas tun, um diese Entwicklung umzukehren – und eine der simpelsten und schnellsten Maßnahmen ist die Einrichtung von sicheren, speziell konstruierten Behausungen für die unverzichtbaren Tiere: den sogenannten Insektenhotels.

Diese Mini-Lebensräume setzen sich aus verschiedensten Materialien zusammen, die einer ganzen Reihe von Insektenarten eine Möglichkeit zum Nisten oder Überwintern bieten. Die meisten enthalten je nach den Arten, die sie anlocken sollen, Löcher mit 2–10 mm Durchmesser. Unsere Insektenhotels richten sich an Wildbienen wie die Rote Mauerbiene und Blattschneiderbienen, aber auch an andere Insekten (siehe Seite 169).

Dieses kompakte Vielzweck-Insektenhotel offeriert allerlei Wirbellosen eine sichere Bleibe.

A

B

ROHRKASTEN

Am einfachsten lässt sich dieses Insektenhotel aus einem Nistkasten bauen (siehe Seite 160–165), bei dem man die vordere Wand entfernt. Schichten Sie in die Boxen Bambusrohrstücke oder hohle Stängel von Bärenklau usw. Aufgestellt oder aufgehängt wird der Kasten an einer sonnigen Südwand in mindestens 1 m Höhe.

STROHLEHMBLOCK

Strohlehm ist ein altes Baumaterial. Es wird aus Ton, Sand, Stroh und Wasser hergestellt und eignet sich gut für Insektenhotels. Experimentieren Sie mit dem Materialmix, bis Sie die richtige Mischung gefunden haben. Zuerst drücken Sie die klebrige Mischung in einen Nistkasten ohne Vorderwand oder etwas Ähnliches. Nun stecken Sie verschiedene 2–10 mm dicke, längliche Stöcke in den Lehm und lassen ihn trocknen. Nach einiger Zeit ziehen Sie die Stöcke heraus, sodass Nistkammern für Insekten zurückbleiben. Den Block befestigen Sie in mindestens 1 m Höhe an einem sonnigen Platz.

Welches Material?

Mauerbienen: Ruten, hohle Stängel, Löcher in Holz und Strohlehm

Marienkäfer: Stöcke, Stroh, trockenes Laub

Netzflügler: Wellpappe

Ohrwürmer: Tannenzapfen

Kleine Spinnen: Schieferplatten, Dachziegel, Kacheln

RUNDHÖLZER

Organisieren Sie ein paar 1,2–2,4 m lange und 10–30 cm breite Rundhölzer. Ihr unteres Drittel versenken Sie in einem Loch im Boden. Dann füllen Sie das Loch mit Erde auf. Stampfen Sie die Erde fest, damit die Hölzer stabil stehen. Zum Schluss bohren Sie 2–10 mm tiefe, leicht nach unten abgeschrägte Löcher in die Seiten, damit sie sich bei Regen nicht mit Wasser füllen. Die Brutkammern locken Solitärwespen und Wildbienen an.

PFLEGE

Halten Sie Insektenhotels parasitenfrei. Stöcke, Ruten und Stängel werden alle paar Jahre ausgetauscht, in Stämme bohrt man frische Löcher.

A Blattschneiderbienen haben die Enden mehrerer Röhren versiegelt.
B Dieses Hotel besteht aus angebohrten Stämmen, Zapfen und Ruten.

Wenn es dunkel wird, schlägt die Stunde der Fledermäuse. Bieten Sie den faszinierenden Flugkünstlern Unterschlupf und Nahrung.

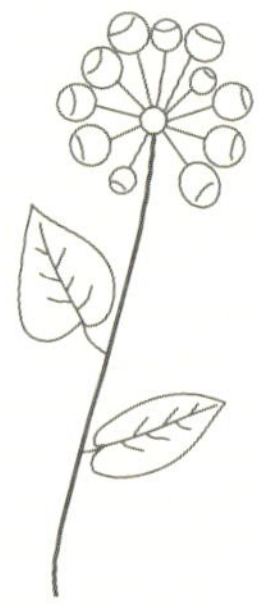

FLEDERMAUSKÄSTEN

Fledermäuse sind mysteriöse Tiere, fast wie Wesen aus einer anderen Welt. Naturteiche, Hecken und Gehölzgruppen ziehen sie magisch an. Wir haben im Lauf der Jahre schon viele Teiche angelegt, aber jedes Mal stellen sich noch am selben Tag, an dem wir ihn füllen (besser gesagt in der Nacht danach), wie von einem Zauberspruch gerufen Fledermäuse ein.

Über Naturteichen wird am häufigsten die Zwergfledermaus gesichtet. Dieses winzige, pelzige Säugetier wiegt ganze 3–7 Gramm, schnappt sich in einer einzigen Nacht aber bis zu 3000 Insekten. Die erstaunlichen nächtlichen Flattermänner machen kurzen Prozess mit jedem Insekt, das sich in den Luftraum über einem Teich wagt, Stechmücken eingeschlossen.

Fledermäuse sind höchst anpassungsfähige Lebewesen und in Stadtgärten ebenso zu finden wie auf dem Land. Bei ihren Flügen orientieren sie sich an linearen Elementen wie Alleen, Hecken und Kanälen. Ihr größtes Problem ist vor allem in Städten der Mangel an geeigneten Quartieren.

Diese Fledermauskästen unter dem Dach eines Stadthauses bieten jeweils bis zu sechs Tieren Unterschlupf.

FLEDERMAUSFREUNDLICHE GÄRTEN

Man lässt Fledermäuse bei der Planung eines tierfreundlichen Gartens gern außer Acht, denn sie bekommen in der Presse nicht so viel Aufmerksamkeit wie Igel oder Hummeln. Dabei ist der Bau von Fledermausquartieren eine einfache Angelegenheit, mit der man ihnen viel Gutes tut. Unser erfolgreichstes Projekt haben wir in der städtisch geprägten Grafschaft Hertfordshire nördlich von London realisiert. Hier hatte man 20 Jahre lang keine Fledermäuse mehr gesehen. Wir haben ein paar Naturteiche, Wiesen und Pflanzungen aus heimischen Arten angelegt – und Fledermauskästen aufgehängt. Nach sechs Monaten war die Zwergfledermaus zurück! Seither ist sie jedes Jahr zahlreicher geworden, obwohl die Kästen mitten in einer lebhaften Stadt unweit einer Hauptstraße hängen. Fast scheint es, als hätten die Tiere nur auf eine Einladung gewartet!

Würde man mehr Fledermauskästen aufhängen und Pflanzenarten wie Nacht-Levkoje oder Geißblatt pflanzen, die Nachtfalter anlocken (siehe Seite 182–186), gäbe es viel mehr dieser Kunstflieger. Zudem sind die Tiere ein guter Grund, die Nacht draußen im Garten zu verbringen.

EINEN FLEDERMAUSKASTEN BAUEN

Wer ein, zwei Fledermauskästen auf seinem Grundstück aufhängt, sorgt für ordentlich Zuwachs in der örtlichen Population. Fledermäuse zwängen sich mit Vorliebe in enge, schmale Hohlräume ohne Zugluft und halten sich dort mit minimalem Aufwand warm. Wir empfehlen Flachkästen – man kann sie online bestellen, aber auch selbst basteln.

Sie brauchen dafür grob gesägte, unbehandelte Bretter, denn manche Holzschutzmittel sind für Fledermäuse giftig. Sie bevorzugen außerdem raue Oberflächen, an denen sie sich festkrallen können. Gut ist Lärchenholz, doch wenn man es nicht so leicht bekommt, tut es auch Kiefernholz, das dann allerdings an den Stellen, an denen die Tiere hochklettern, aufgeraut werden muss.

Die Größe von Fledermauskästen ist zwar nicht so wichtig (Anleitungen für den Bau finden sich im Internet), die Einflugöffnung muss allerdings passen. Der Hohlraum im Inneren des Kastens sollte 15–20 mm breit sein. Ist sie schmaler, passen die Tiere nicht mehr hinein, ist sie breiter, nehmen sie das Quartier nicht an, weil sie zugige Behausungen nicht mögen.

A In jedem Flachkasten können mehrere Fledermäuse Quartier beziehen. **B** Wenn Sie alte Bäume im Garten stehen haben, dürfen Sie vielleicht das Braune Langohr als Gast begrüßen.

Fledermäuse logieren gern gemeinsam. Deshalb sollte man mehrere Kästen unterschiedlicher Größe aufhängen. Flachkästen kann man zwei- oder sogar dreifach staffeln, sodass die Tiere genug Auswahl haben, den für sie optimalen Platz zu finden. Wer es noch weiter treiben will, kann bei einem Neubau sogar vorgefertigte Kästen in das Mauerwerk integrieren. Damit bietet man Fledermäusen eine dauerhafte Bleibe, in die sie sich im Winter oder bei schlechtem Wetter zurückziehen.

WO WERDEN FLEDERMAUSKÄSTEN AUFGEHÄNGT?

Fledermauskästen installieren Sie an der Außenwand von Gebäuden, am besten an einer sonnigen Süd- oder Westmauer. Man hängt sie so hoch wie möglich auf, also mindestens 4 m über dem Boden und vorzugsweise direkt unter dem Dachvorsprung. Sie können beliebig viele Kästen gruppieren, um den Tieren, je zahlreicher sie werden, mehr Wahlmöglichkeiten und Platz zu bieten.

Machen Sie es der Natur nach: Für diesen steinigen Lebensraum sind Ihnen Vögel, Frösche, Reptilien und Rötelmäuse dankbar.

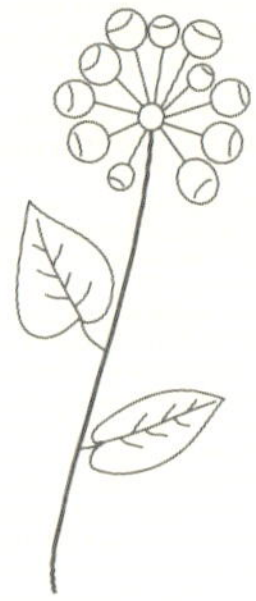

TROCKENMAUER

In aller Welt findet man Trockenmauern. Die ohne Mörtel aufgeschichteten Begrenzungen aus Stein trennen Felder, säumen Friedhöfe und halten Hänge. Es gibt viele lokale, aus heimischem Stein konstruierte Varianten, entsprechend groß ist das Spektrum an Formen, Größen und Farben.

Gute Trockenmauern werden mit zunehmendem Alter immer wertvoller. Je mehr Pflanzen sie besiedeln, desto mehr Tiere erwählen sie sich zum Unterschlupf. Ein großer Vorteil der Mauern ist auch ihre Linearität, dank der viele Tiere sie als sichere Korridore nutzen können.

In Gärten kann man die Mauern selbst planen und anlegen: Eine Steinreihe reicht – ja, mitunter genügt schon ein schlichter Steinhaufen (siehe Seite 155). Wichtig ist nur, dass die Mauer viele Lücken zwischen den Steinen hat, in denen sich die unterschiedlichsten Tiere und Pflanzen ansiedeln können. Die Minimauern werden neben Nektarrabatten, hinter Teichen oder zur Abstufung zweier Wiesenterrassen in Hanggärten angelegt.

Pflanzen wie der Weiße Mauerpfeffer nehmen die Ritzen ebenso gerne in Beschlag wie Spinnen und Insekten.

A

B

C

MAUERBAU

Nachdem Sie den Standort für die Mauer gefunden haben, müssen Sie das Material dafür auftreiben. Mit etwas Glück haben Sie größere Steine auf Ihrem Grundstück herumliegen, ansonsten werden Sie vielleicht in Steinbrüchen oder bei Händlern für historische Baustoffe fündig.

Legen Sie zunächst zwei parallele Reihen aus großen Steinen auf den Boden und graben Sie sie leicht ein. Sie müssen exakt eben und auf gleicher Höhe liegen. Die größten Steine platzieren Sie im unteren Teil der Mauer. Nach oben zu sollten sie immer kleiner werden.

Sobald die Minimauer Gestalt annimmt, füllen Sie die Lücke zwischen den beiden Reihen mit den kleinsten Steinen. Im oberen Bereich verwenden Sie eine Mischung aus steinigem Erdreich und Sand als Füllung – dieses Material ist weich genug für Amphibien und Reptilien. Im Inneren des der Mauer bleibt es konstant kühl und feucht, was ideal für Kröten ist.

Steht die Mauer, füllt man die größeren Ritzen mit Unterboden (auch etwas Oberboden darf dabei sein). Setzen Sie dann Pflanzen der Liste auf Seite 186 hinein. Kaufen Sie dafür Topfpflanzen, da Setzlinge eingehen, wenn man sie nicht regelmäßig wässert.

TIERLEBEN

Bemerkenswert viele Tiere nehmen Trockenmauern in Gärten als Lebensraum an. Kohl- und Blaumeisen nisten darin, während Zaunkönige sich Spinnen herauspicken. Wald- und Rötelmäuse lieben die Ritzen als Versteck. Am Ansatz der Mauer sitzen Frösche und Kröten, während Molche im Inneren überwintern. Ringelnattern, Ottern, Blindschleichen und Waldeidechsen nehmen auf den Steinen ein Sonnenbad oder verkriechen sich in den Lücken.

Gut für

Blaumeise
Blindschleiche
Erdkröte
Grasfrosch
Kohlmeise
Ringelnatter
Rötelmaus
Teichmolch
Waldeidechse
Zaunkönig

A Weißer Mauerpfeffer **B** Ruprechtskraut
C Brauner Streifenfarn

Auch von Holzstapeln kann die Tierwelt eines Gartens profitieren. Besonders ins Herz schließen ihn Krabbler, die auf Totholz stehen.

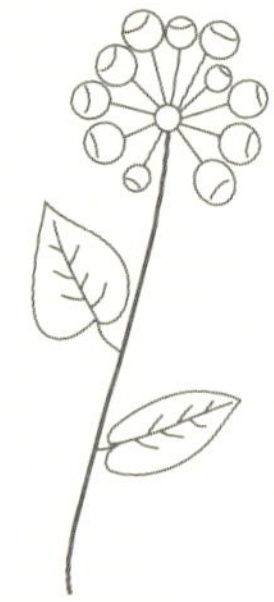

HOLZSTAPEL

Wenn Sie einen unansehnlichen Schuppen oder eine hässliche Garage kaschieren bzw. einen abgeschlossenen Raum im Garten schaffen möchten, können Sie das mit einer etwas formaleren Begrenzung erreichen, die trotzdem dringend benötigten Wohnraum für viele Tiere enthält: einem Holzstapel. Er besteht aus Rundhölzern, die in einem regalähnlichen Rahmen aufgeschichtet werden. So entsteht ein Totholzhabitat für Wirbellose. Stapel sind aufwendiger als Holzstöße (siehe Seite 154–155) oder Insektenhotels aus Rundhölzern (siehe Seite 169), bringen dafür aber die Schönheit von Holz ästhetisch ansprechend zur Geltung.

EINE HOLZSTAPELWAND BAUEN

Der Stapel kann beliebig groß sein und überall im Garten stehen. Da er in einen Rahmen kommt, können Sie ihn in eine bestehende Begrenzung (siehe Seite 46–51) integrieren, vor einer Garagenwand platzieren oder

In diese Kletterhilfe haben wir einen Rahmen für einen Holzstapel integriert. Er sieht formaler aus als ein simpler Holzstoß.

sogar neben einem Sitzbereich aufschichten, wie das Bild auf Seite 179 zeigt. Die Konstruktion des Rahmens ist jedoch nicht ganz einfach, sodass Sie gegebenenfalls einen Profi hinzuziehen sollten.

Als Erstes müssen Sie zwei Löcher für die Pfosten ausheben. Sie sollten so tief sein, dass die Pfosten einen festen Stand haben. Anschließend stellt man die Pfosten hinein, richtet sie exakt senkrecht aus und füllt die Löcher bis auf Bodenniveau mit Beton. Diese Konstruktion ist für einen frei stehenden Stapel unabdingbar, denn sie gibt ihm die nötige Standfestigkeit und hält die Hölzer. Wenn Sie den Stapel vor einer bestehenden Wand positionieren möchten, etwa an einer Garage, müssen Sie die Pfosten nicht einbetonieren, sondern können Sie auch an der Mauer befestigen – natürlich nur, wenn Sie die Erlaubnis dazu haben oder die Mauer Ihnen gehört.

Ein guter Holzstapel kann mehr als zehn Jahre halten.

Sobald die Pfosten stabil stehen, wird es Zeit, den Rahmen einzupassen. Messen Sie den Abstand zwischen den beiden Pfosten und schneiden Sie zwei Holzbretter so zurecht, dass sie zwischen die Pfosten passen – eines oben, das andere unten. Nun brauchen Sie weitere Bretter für die Seiten des Rahmens. Dafür verwendet man am besten alte Schalbretter mit einem Querschnitt von etwa 20 × 5 cm.

Zuletzt brauchen Sie noch zwei 20 cm lange Rundhölzer. Sie werden aufrecht als »Beine« in den Rahmen gestellt und verhindern, dass der untere Teil sich unter dem Gewicht des Holzstapels verformt. Legen Sie das untere der beiden zurechtgeschnittenen Holzbretter über die Rundhölzer und fixieren Sie sie an der Unterseite mit zwei Winkeleisen.

Nun werden die Seitenbretter mit kräftigen Schrauben an die Pfosten geschraubt. Falls der Holzstapel vollkommen blickdicht sein oder noch stabiler stehen soll, können Sie jetzt eine passend zurechtgeschnittene Rückwand aus Sperrholz einpassen.

Zum Schluss schichten Sie die Rundhölzer auf. Falls Sie kein passendes Holz haben, fragen Sie örtliche Baumpfleger oder Gartenbaufirmen nach Resten, die Sie haben und zurechtsägen können. Auch beim örtlichen Naturschutzverein wird man gelegentlich fündig. Sie brauchen eine variierende Mischung aus Rundhölzern mit etwa 25 cm Durchmesser. Es macht viel Spaß, sie wie ein Puzzle zusammenzufügen. Arbeiten Sie sich allmählich nach oben und füllen Sie die Lücken mit kleineren Hölzern.

Es dauert nicht lange, bis die ersten Wirbellosen das Totholzhabitat für sich entdecken, darunter Hundert- und Tausendfüßer, Asseljäger und sogar Schröter. Dieses Kleingetier wiederum lockt Vögel an, die auf der Suche nach einem schmackhaften Happen sind.

EINEN HOLZSTAPEL PFLEGEN

Weil der Stapel etwas erhöht sitzt und keinen direkten Bodenkontakt hat, hält er über zehn Jahre. Seine Lebensdauer hängt aber auch von den verwendeten Hölzern ab: Nadelholz etwa verrottet schneller als Laubholz.

Mit der Zeit besiedeln unterschiedlichste Wirbellose die Hölzer, darunter Asseln, viele Käferarten und Spinnen. Ältere Exemplare, die schon recht verrottet sind, zieht man heraus und ersetzt sie durch frische, sodass der Holzstapel viele Jahre Bestand hat.

PFLANZENLISTEN

Hier finden Sie eine Auswahl tierfreundlicher Pflanzen, geordnet nach Kapitel und Projekt. Die Listen enthalten einige der empfehlenswertesten Arten. Jede Pflanze ist mit Trivial- und wissenschaftlichem Namen aufgeführt.

BÄUME UND STRÄUCHER (S. 28–57)

Alle diese Bäume und Sträucher bieten Tieren einen nützlichen Lebensraum. Welche Arten in Ihren Garten passen, hängt auch von seiner Größe ab. Sämtliche Gehölze mit Ausnahme der Wald-Kiefer lassen sich auf den Stock setzen.

KLEINE BÄUME UND STRÄUCHER

Als klein werden Bäume mit einer Höhe zwischen 2 und 5 m bezeichnet. Die meisten Sträucher erreichen eine Höhe von rund 2 m; als klein gilt ein Strauch mit 1,2–1,8 m, als mittelgroß mit 1,8–2,4 m und als groß mit 2,4–2,8 m.

Blutroter Hartriegel (*Cornus sanguinea*)
Brombeere (*Rubus fruticosus*)
Echter Kreuzdorn (*Rhamnus cathartica*)
Eingriffliger Weißdorn (*Crataegus monogyna*)
Europäische Eibe (*Taxus baccata*)
Europäischer Buchsbaum (*Buxus sempervirens*)
Europäische Stechpalme (*Ilex aquafolium*)
Gewöhnliche Berberitze (*Berberis vulgaris*)
Gewöhnliche Hasel (*Corylus avellana*)
Gewöhnliche Mehlbeere (*Sorbus aria*)
Gewöhnlicher Faulbaum (*Frangula alnus*)
Gewöhnlicher Liguster (*Ligustrum vulgare*)
Gewöhnlicher Schneeball (*Viburnum opulus*)
Gewöhnlicher Spindelstrauch (*Euonymus europaea*)
Gewöhnlicher Stechginster (*Ulex europaea*)
Holz-Apfel, Wild-Apfel (*Malus sylvestris*)
Hunds-Rose (*Rosa canina*)
Kriechende Rose, Feld-Rose (*Rosa arvensis*)
Pflaume (*Prunus domestica*)
Schlehe (*Prunus spinosa*)
Schwarzer Holunder (*Sambucus nigra*)
Sommerflieder, Schmetterlingsstrauch (*Buddleja davidii*)
Wolliger Schneeball (*Viburnum lantana*)

MITTELGROSSE BÄUME UND STRÄUCHER

Mittelgroße Bäume erreichen eine Höhe von 5–15 m.

Berg-Ulme (*Ulmus glabra*)
Eberesche (*Sorbus aucuparia*)
Eingriffliger Weißdorn (*Crataegus monogyna*)
Elsbeere (*Sorbus torminalis*)
Europäische Eibe (*Taxus baccata*)
Europäische Stechpalme (*Ilex aquifolium*)
Feld-Ahorn (*Acer campestre*)
Gewöhnliche Hasel (*Corylus avellana*)
Holz-Apfel (*Malus sylvestris*)
Pflaume (*Prunus domestica*)
Sal-Weide (*Salix caprea*)
Traubenkirsche (*Prunus padus*)
Vogel-Kirsche (*Prunus avium*)
Wildbirne (*Pyrus pyraster*)

GROSSE BÄUME

Große Bäume werden rund 15–35 m hoch.

Bruch-Weide (*Salix fragilis*)
Edel-Kastanie, Ess-Kastanie (*Castanea sativa*)
Elsbeere (*Sorbus torminalis*)
Englische Ulme (*Ulmus procera*)
Espe (*Populus tremula*)
Europäische Eibe (*Taxus baccata*)
Europäische Lärche (*Larix decidua*)
Gewöhnliche Esche (*Fraxinus excelsior*)
Gewöhnliche Hainbuche, Weißbuche (*Carpinus betulus*)
Gewöhnliche Rosskastanie (*Aesculus hippocastanum*)
Hänge-Birke (*Betula pendula*)
Moor-Birke (*Betula pubescens*)
Rot-Buche (*Fagus sylvatica*)
Schwarz-Erle (*Alnus glutinosa*)
Schwarz-Pappel (*Populus nigra*)
Silber-Weide (*Salix alba*)
Sommer-Linde (*Tilia platyphyllos*)
Stiel-Eiche (*Quercus robur*)
Wald-Kiefer (*Pinus sylvestris*)
Winter-Linde (*Tilia cordata*)

KLETTERPFLANZEN

Dornenlose Brombeere (*Rubus fructicosus* ›Merton thornless‹)
Gewöhnlicher Efeu (*Hedera helix*)
Gewöhnlicher Hopfen (*Humulus lupulus*)
Gewöhnliche Waldrebe (*Clematis vitalba*)
Hunds-Rose (*Rosa canina*)
Kriechende Rose, Feld-Rose (*Rosa arvensis*)
Mittelmeer-Feuerdorn (*Pyracantha coccinea*)
Wald-Geißblatt (*Lonicera periclymenum*)
Winter-Jasmin (*Jasminum nudiflorum*)

GEWÄSSER FÜR TIERE (S. 58–91)

Alle Arten eignen sich in Maßen für kleine Teiche, außer die mit * gekennzeichneten, die große Teiche brauchen. Ein ausgewogener Teichlebensraum braucht Gewächse aus mindestens drei der nachfolgend aufgeführten Kategorien.

SCHWIMMPFLANZEN

Europäische Seekanne *(Nymphoides peltata)*
Gelbe Teichrose* *(Nuphar lutea)*
Krebsschere *(Stratiotes aloides)*
Schwimmendes Laichkraut *(Potamogeton natans)*
Weiße Seerose* *(Nymphaea alba)*

GRÄSER UND SEGGEN

Ästiger Igelkolben* (*Sparganium erectum*)
Blaugrüne Binse (*Juncus inflexus*)
Blaugrüne Segge (*Carex flacca*)
Falsche Fuchs-Segge (*Carex otrubae*)
Flatter-Binse (*Juncus effuses*)
Gewöhnliche Teichsimse* (*Schoenoplectus lacustris*)
Glanzfrüchtige Binse (*Juncus articulatus*)
Hänge-Segge* (*Carex pendula*)
Hohes Zypergras* (*Cyperus longus*)
Rasen-Schmiele (*Deschampsia cespitosa*)
Schilfrohr* (*Phragmites australis*)
Schmalblättriges Wollgras (*Eriophorum angustifolium*)
Sumpf-Segge (*Carex acutiformis*)

TEICHRAND- UND UFERPFLANZEN

Bachbunge (*Veronica beccabunga*)
Fieberklee (*Menyanthes trifoliata*)
Froschlöffel (*Alisma plantago-aquatica*)
Gewöhnliches Pfeilkraut (*Sagittaria sagittifolia*)
Schwanenblume (*Butomus umbellatus*)
Sumpf-Dotterblume (*Caltha palustris*)
Sumpf-Schwertlilie* (*Iris pseudacorus*)
Wasser-Knöterich (*Persicaria amphibia*)
Wasser-Minze (*Mentha aquatica*)

SAUERSTOFFPFLANZEN

Ähriges Tausendblatt (*Myriophyllum spicatum*)
Krauses Laichkraut (*Potamogeton crispus*)
Raues Hornblatt (*Ceratophyllum demersum*)
Teich-Wasserstern (*Callitriche stagnalis*)
Wasser-Hahnenfuß (*Ranunculus aquatilis*)
Wasserfeder (*Hottonia palustris*)

SUMPFPFLANZEN

Alle Pflanzen dieser Liste wachsen auf feuchten Böden und gedeihen als Uferpflanzen an Teichen und in Sumpfbeeten. Mit ** gekennzeichnete Arten brauchen die sauren Bedingungen eines Moorbeets (siehe Seite 80).

Bach-Nelkenwurz (*Geum rivale*)
Blaues Pfeifengras** (*Molinia caerulea*)
Brennender Hahnenfuß (*Ranunculus flammula*)
Echter Arznei-Baldrian (*Valeriana officinalis*)
Echter Eibisch (*Althaea officinalis*)
Echtes Mädesüß (*Filipendula ulmaria*)
Geflügelte Braunwurz (*Scrophularia umbrosa*)
Geflügeltes Johanniskraut (*Hypericum tetrapterum*)
Gewöhnlicher Blutweiderich (*Lythrum salicaria*)
Gewöhnlicher Gilbweiderich (*Lysimachia vulgaris*)
Gewöhnlicher Teufelsabbiss (*Succisa pratensis*)
Gewöhnlicher Wasserdost (*Eupatorium cannabinum*)
Glocken-Heide** (*Erica tetralix*)
Großer Wiesenknopf (*Sanguisorba officinalis*)
Großes Flohkraut (*Pulicaria dysenterica*)
Heidelbeere** (*Vaccinium myrtillus*)
Kriechender Günsel (*Ajuga reptans*)
Kuckucks-Lichtnelke (*Silene flos-cuculi*)
Pfennigkraut (*Lysimachia nummularia*)
Schmalblättriges Wollgras** (*Eriophorum angustifolium*)
Sumpf-Helmkraut (*Scutellaria galericulata*)
Sumpf-Hornklee (*Lotus pedunculatus*)
Sumpf-Schafgarbe (*Achillea ptarmica*)
Sumpf-Vergissmeinnicht (*Myosotis scorpioides*)
Sumpf-Ziest (*Stachys palustris*)
Ufer-Wolfstrapp (*Lycopus europaeus*)
Wiesen-Schaumkraut (*Cardamine pratensis*)

NEKTARRABATTEN (S. 92–111)

Halten Sie für Bestäuber und andere Insekten viel Nektar bereit, indem Sie ein möglichst breites Spektrum der folgenden Arten pflanzen.

EINE NEKTARRABATTE

Acker-Vergissmeinnicht (*Myosotis arvensis*)
Anis-Duftnessel (*Agastache foeniculum*)
Banater Kugeldistel (*Echinops bannaticus*)
Bär-Lauch (*Allium ursinum*)
Bergminze (*Clinopodium nepeta*)
Blaue Katzenminze (*Nepeta × faasseni* ›Six Hills Giant‹)
Borretsch (*Borago officinalis*)
Breitblättrige Platterbse (*Lathyrus latifolius*)
Echte Schlüsselblume (*Primula veris*)
Echter Arznei-Baldrian (*Valeriana officinalis*)
Echter Beinwell (*Symphytum officinale*)
Echter Dost *(Origanum vulgare)*
Echter Thymian (*Thymus vulgaris*)
Echtes Labkraut (*Galium verum*)
Echtes Lungenkraut (*Pulmonaria officinalis*)

Einjähriges Silberblatt (*Lunaria annua*)
Frikarts Aster (*Aster × frikartii* ›Mönch‹)
Gewöhnliche Nachtviole (*Hesperis matronalis*)
Gewöhnliche Stockrose (*Alcea rosea*)
Gewöhnlicher Blutweiderich (*Lythrum salicaria*)
Gewöhnlicher Hornklee (*Lotus corniculatus*)
Gewöhnlicher Natternkopf (*Echium vulgare*)
Gewöhnlicher Teufelsabbiss (*Succisa pratensis*)
Gewöhnlicher Wasserdost (*Eupatorium cannabinum*)
Goldlack (*Erysimum* ›Bowles Mauve‹)
Großes Flohkraut (*Pulicaria dysenterica*)
Hohe Fetthenne (*Hylotelephium* ›Herbstfreude‹)
Hohe Flammenblume (*Phlox paniculata*)
Jakobsleiter (*Polemonium caeruleum*)
Kleinblütiges Wiesen-Labkraut (*Galium mollugo*)
Kleine Braunelle (*Prunella vulgaris*)
Knoblauchsrauke (*Alliaria petiolata*)
Kriechender Günsel (*Ajuga reptans*)
Kuckucks-Lichtnelke (*Silene flos-cuculi*)
Lavendel (*Lavandula angustifolia* ›Hidcote‹)
Margerite (*Leucanthemum vulgare*)
Nesselblättrige Glockenblume (*Campanula trachelium*)
Patagonisches Eisenkraut (*Verbena bonariensis*)
Polei-Minze (*Mentha pulegium*)
Rainfarn (*Tanacetum vulgare*)
Rote Lichtnelke (*Silene dioica*)
Rote Spornblume (*Centranthus ruber*)
Roter Fingerhut (*Digitalis purpurea*)
Roter Scheinsonnenhut (*Echinacea purpurea*)
Schneeglöckchen (*Galanthus nivalis*)
Schnee-Heide (*Erica carnea*)
Schwarze Flockenblume (*Centaurea nigra*)
Skabiosen-Flockenblume (*Centaurea scabiosa*)
Stängellose Schlüsselblume (*Primula vulgaris*)
Steppen-Salbei (*Salvia nemorosa* ›Caradonna‹)
Stinkende Nieswurz (*Helleborus foetidus*)
Wiesen-Klee (*Trifolium pratense*)
Wiesen-Schafgarbe (*Achillea millefolium*)
Wiesen-Schaumkraut (*Cardamine pratensis*)
Wiesen-Storchschnabel (*Geranium pratense*)
Wiesen-Witwenblume (*Knautia arvensis*)
Wilde Karde (*Dipsacus fullonum*)
Ysop (*Hyssopus officinalis*)

AM KALKHANG

Dorniger Hauhechel (*Ononis spinosa*)
Echter Dost (*Origanum vulgare*)
Echter Schaf-Schwingel (*Festuca ovina*)
Echter Wundklee (*Anthyllis vulneraria*)
Echtes Eisenkraut (*Verbena officinalis*)
Echtes Labkraut (*Galium verum*)
Echtes Leinkraut (*Linaria vulgaris*)
Fuchs' Fingerwurz (*Dactylorhiza fuchsii*)
Futter-Esparsette (*Onobrychis viciifolia*)
Gewöhnlicher Hornklee (*Lotus corniculatus*)
Gewöhnlicher Hufeisenklee (*Hippocrepsis comosa*)
Gewöhnlicher Natternkopf (*Echium vulgare*)
Gewöhnliches Sonnenröschen (*Helianthemum nummularium*)
Kleinblütige Königskerze (*Verbascum thapsus*)
Kleinblütiges Wiesen-Labkraut (*Galium mollugo*)
Kleines Mädesüß (*Filipendula vulgaris*)
Knäuel-Glockenblume (*Campanula glomerata*)
Knolliges Lieschgras (*Phleum bertolonii*)
Mittlerer Wegerich (*Plantago media*)
Mittleres Zittergras (*Briza media*)
Nesselblättrige Glockenblume (*Campanula trachelium*)
Rauer Löwenzahn (*Leontodon hispidus*)
Rot-Schwingel (*Festuca rubra*)
Rundblättrige Glockenblume (*Campanula rotundifolia*)
Schwarze Flockenblume (*Centaurea nigra*)
Schwarze Königskerze (*Verbascum nigrum*)
Skabiosen-Flockenblume (*Centaurea scabiosa*)
Tauben-Skabiose (*Scabiosa columbaria*)
Tüpfel-Johanniskraut (*Hypericum perforatum*)
Wiesen-Goldhafer (*Trisetum flavescens*)
Wiesen-Storchschnabel (*Geranium pratense*)
Wiesen-Witwenblume (*Knautia arvensis*)
Wirbeldost (*Clinopodium vulgare*)

BLUMENWIESEN (S. 112–147)

Unterschiedliche Arten brauchen unterschiedliche Böden und Standorte. Für die beschriebenen Wiesenbiotope eignen sich folgende Blumen und Gräser.

MEHRJÄHRIGE BLUMENWIESEN

Dorniger Hauhechel (*Ononis spinosa*)
Echte Schlüsselblume (*Primula veris*)
Echter Dost (*Origanum vulgare*)
Echter Pastinak (*Pastinaca sativa*)
Echter Wundklee (*Anthyllis vulneraria*)
Echter Ziest (*Stachys officinalis*)
Echtes Leinkraut (*Linaria vulgaris*)
Echtes Labkraut (*Galium verum*)
Eisenkraut-Salbei (*Salvia verbenaca*)
Futter-Esparsette (*Onobrychis viciifolia*)
Gelbe Resede (*Reseda lutea*)
Gewöhnlicher Hornklee (*Lotus corniculatus*)
Gewöhnlicher Natternkopf (*Echium vulgare*)
Gewöhnlicher Teufelsabbiss (*Succisa pratensis*)
Großer Sauerampfer (*Rumex acetosa*)
Herbst-Löwenzahn (*Scorzoneroides autumnalis*)
Kleinblütige Königskerze (*Verbascum thapsus*)
Kleinblütiges Wiesen-Labkraut (*Galium mollugo*)
Kleine Braunelle (*Prunella vulgaris*)
Kleiner Klappertopf (*Rhinanthus minor*)
Kleiner Odermennig (*Agrimonia eupatoria*)
Kleiner Wiesenknopf (*Sanguisorba minor*)
Kuckucks-Lichtnelke (*Silene flos-cuculi*)
Margerite (*Leucanthemum vulgare*)
Mittlerer Wegerich (*Plantago media*)
Moschus-Malve (*Malva moschata*)
Rauer Löwenzahn (*Leontodon hispidus*)
Rote Lichtnelke (*Silene dioica*)
Scharfer Hahnenfuß (*Ranunculus acris*)
Schwarze Flockenblume (*Centaurea nigra*)

Schwarze Königskerze (*Verbascum nigrum*)
Skabiosen-Flockenblume (*Centaurea scabiosa*)
Sumpf-Schafgarbe (*Achillea ptarmica*)
Tauben-Skabiose (*Scabiosa columbaria*)
Taubenkropf-Leimkraut (*Silene vulgaris*)
Vogel-Wicke (*Vicia cracca*)
Weiße Lichtnelke (*Silene latifolia*)
Wiesen-Klee (*Trifolium pratense*)
Wiesen-Platterbse (*Lathyrus pratensis*)
Wiesen-Salbei (*Salvia pratensis*)
Wiesen-Schafgarbe (*Achillea millefolium*)
Wiesen-Witwenblume (*Knautia arvensis*)
Wilde Karde (*Dipsacus fullonum*)
Wilde Möhre (*Daucus carota*)
Wirbeldost (*Clinopodium vulgare*)

EINJÄHRIGE FELDBLUMENWIESEN

Gewöhnliche Kornrade (*Agrostemma githago*)
Gewöhnliche Wegwarte (*Cichorium intybus*)
Klatschmohn (*Papaver rhoeas*)
Kornblume (*Centaurea cyanus*)
Österreichische Hundskamille (*Anthemis austriaca*)
Rauer Sonnenhut (*Rudbeckia hirta*)
Saat-Wucherblume (*Glebionis segetum*)

BLUMENRASEN

Echte Schlüsselblume (*Primula veris*)
Echtes Labkraut (*Galium verum*)
Futter-Esparsette (*Onobrychis viciifolia*)
Gänseblümchen (*Bellis perennis*)
Gewöhnlicher Hornklee (*Lotus corniculatus*)
Gewöhnliches Ferkelkraut (*Hypochaeris radicata*)
Großer Sauerampfer (*Rumex acetosa*)
Hopfenklee (*Medicago lupulina*)
Kleine Braunelle (*Prunella vulgaris*)
Löwenzahn (*Taraxacum officinale*)
Margerite (*Leucanthemum vulgare*)
Rauer Löwenzahn (*Leontodon hispidus*)
Scharfer Hahnenfuß (*Ranunculus acris*)
Stängellose Schlüsselblume (*Primula vulgaris*)
Wiesen-Klee (*Trifolium pratense*)
Wiesen-Schafgarbe (*Achillea millefolium*)

PFLANZEN FÜR DEN SCHATTEN

Diese Arten eignen sich vor allem für Waldwiesen- und Lichtungspflanzungen, können aber generell für schattige Stellen im Garten verwendet werden. Zwiebelpflanzen sind mit einem * gekennzeichnet.

Bärlauch* (*Allium ursinum*)
Busch-Windröschen* (*Anemone nemorosa*)
Duft-Veilchen (*Viola odorata*)
Echter Ziest (*Stachys officinalis*)
Echte Schlüsselblume (*Primula veris*)
Gewöhnliche Akelei (*Aquilegia vulgaris*)
Große Sternmiere (*Stellaria holostea*)
Hain-Veilchen (*Viola riviniana*)
Kleine Braunelle (*Prunella vulgaris*)
Knoblauchsrauke (*Alliaria petiolata*)
Nesselblättrige Glockenblume (*Campanula trachelium*)
Osterglocke* (*Narcissus pseudonarcissus*)
Rote Lichtnelke (*Silene dioica*)
Roter Fingerhut (*Digitalis purpurea*)
Salbei-Gamander (*Teucrium scorodonia*)
Scharbockskraut* (*Ficaria verna*)
Schneeglöckchen (*Galanthus nivalis*)
Stängellose Schlüsselblume (*Primula vulgaris*)
Stinkende Nieswurz (*Helleborus foetidus*)
Übelriechende Schwertlilie (*Iris foetidissima*)
Wald-Sauerklee* (*Oxalis acetosella*)
Wald-Storchschnabel (*Geranium sylvaticum*)
Waldmeister* (*Galium odoratum*)

NOCH MEHR TIERE ANLOCKEN (S. 148–181)

Mit passender Bepflanzung und Fledermauskästen lockt man Fledermäuse an. Für die Begrünung von Trockenmauern finden Sie auf der nächsten Seite einige Vorschläge.

FÜR FLEDERMÄUSE

Frühjahr:
Acker-Vergissmeinnicht (*Myosotis arvensis*)
Einjähriges Silberblatt (*Lunaria annua*)
Garten-Stiefmütterchen (*Viola tricolor* var. *hortensis*)
Gewöhnliche Nachtviole (*Hesperis matronalis*)
Goldlack (*Erysimum* ›Bowles Mauve‹)
Griechisches Blaukissen (*Aubrieta deltoidea*)
Löwenzahn (*Taraxacum officinale*)
Margerite (*Leucanthemum vulgare*)
Rote Lichtnelke (*Silene dioica*)
Sal-Weide (*Salix caprea*)
Stängellose Schlüsselblume (*Primula vulgaris*)
Weiße Lichtnelke (*Silene latifolia*)
Wiesen-Klee (*Trifolium pratense*)
Wiesen-Schaumkraut (*Cardamine pratensis*)

Sommer:
Acker-Minze (*Mentha arvensis*)
Borretsch (*Borago officinalis*)
Echter Arznei-Baldrian (*Valeriana officinalis*)
Echter Dost (*Origanum vulgare*)
Echter Thymian (*Thymus vulgaris*)
Gewöhnliche Nachtkerze (*Oenothera biennis*)
Gewöhnliche Nachtviole (*Hesperis matronalis*)
Gewöhnlicher Liguster (*Ligustrum vulgare*)
Gewöhnlicher Wasserdost (*Eupatorium cannabinum*)
Gewöhnliches Seifenkraut (*Saponaria officinalis*)
Hohe Studentenblume (*Tagetes erecta*)
Lavendel (*Lavandula angustifolia* ›Hidcote‹)
Nacht-Levkoje (*Matthiola longipetala*)

Patagonisches Eisenkraut (*Verbena bonariensis*)
Rote Spornblume (*Centranthus ruber*)
Schwarze Flockenblume (*Centaurea nigra*)
Sommerflieder, Schmetterlingsstrauch (*Buddleja davidii*)
Steppen-Salbei (*Salvia nemorosa* ›Caradonna‹)
Taubenkropf-Leimkraut (*Silene vulgaris*)
Wegwarte (*Cichorium intybus*)
Wald-Geißblatt (*Lonicera periclymenum*)
Wiesen-Witwenblume (*Knautia arvensis*)
Zier-Tabak (*Nicotiana alata* und *Nicotiana sylvestris*)

Herbst:
Berg-Aster (*Aster amellus*)
Gewöhnlicher Efeu (*Hedera helix*)
Hohe Fetthenne (*Hylotelephium 'Herbstfreude'*)

TROCKENMAUER

Alpen-Thymian (*Thymus polytrichus*)
Berg-Sandglöckchen (*Jasione montana*)
Echter Wundklee (*Anthyllis vulneraria*)
Echtes Leinkraut (*Linaria vulgaris*)
Gewöhnliches Sonnenröschen (*Helianthemum nummularium*)
Griechisches Blaukissen (*Aubrieta deltoidea*)
Kambrischer Scheinmohn (*Meconopsis cambrica*)
Mauer-Zimbelkraut (*Cymbalaria muralis*)
Purpur-Fetthenne (*Sedum telephium*)
Rote Spornblume (*Centranthus ruber*)
Rundblättrige Glockenblume (*Campanula rotundifolia*)
Ruprechtskraut (*Geranium robertianum*)
Scharfer Mauerpfeffer (*Sedum acre*)
Schöllkraut (*Chelidonium majus*)
Schwarze Königskerze (*Verbascum nigrum*)
Strand-Grasnelke (*Armeria maritima*)
Tripmadam (*Sedum reflexum*)

NISTKÄSTEN

Diese Tabelle zeigt Ihnen, welchen Nistkasten Sie brauchen und wo er aufgehängt werden muss.

FÜR JEDEN VOGEL DER PASSENDE NISTKASTEN

ART	TYP	LOCHGRÖSSE	POSITION	HÖHE ÜBER BODEN
Bachstelze	Vorne offen	Mindestens 50 × 50 mm	Gebäude, Terrassen Holz- und Steinhaufen	1 m und höher
Blaumeise	Kleines Loch	22 mm	Bäume, Gebäude	2,4 m und höher
Feldspatz	Kleines Loch	28 mm	Bäume, dicht stehend in Gruppen	2 m und höher
Hausspatz	Kleines Loch	32 mm	Gebäude	Unter dem Dachvorsprung
Kohlmeise	Kleines Loch	22 mm	Bäume, Gebäude	2,4 m und höher
Mauersegler	Kleines Loch	Etwa 30 mm	Gebäude	Unter dem Dachvorsprung
Mehlschwalbe	Becherform	Ca. 60 mm	Gebäude	Direkt unter dem Dachvorsprung
Rotkehlchen	Vorne offen	Mindestens 65 mm	Dichter Bewuchs, Zäune, Wände, Gitter	1,5 m und höher
Star	Mittelgroßes Loch	45 mm oder Dreiecksform	Bäume, Gebäude	Unter dem Dachvorsprung
Tannenmeise	Kleines Loch	22 mm	(Nadel-)Bäume	Bodenniveau und höher
Zaunkönig	Vorne offen, kleines Loch	28 mm und mehr	Dichter Bewuchs, Zäune, Wände, Gitter	1,5 m und höher

REGISTER

A

B

C

D

E

F

G

H

I

J, K

L

M

N

O, P

R

S

T

V

W

Z

DANK DER AUTOREN

Viele haben uns auf unserem Weg unterstützt – leider zu viele, als dass wir sie alle erwähnen könnten. Trotzdem möchten wir uns bei allen bedanken, die an das glauben, was wir tun, insbesondere jenen, die ihren Garten zu einem Refugium für Tiere gemacht haben. Wir danken ihnen auch im Namen der kompletten Tierwelt.

Danke, Mama und Papa, weil ihr uns darin bestärkt habt, unser Leben dem Gartenbau und dem Schutz von Tieren zu widmen. Ohne euch würden wir nicht tun, was wir heute tun.

Wir danken außerdem allen, die uns beeinflusst und unser Wissen gemehrt haben: Christ Baines für seine Inspiration, Bob Sheppard, weil er uns die Augen für die faszinierende Welt der Gartenvögel geöffnet hat, Chris Howes, der unsere Begeisterung für Schmetterlinge geweckt hat, Willie McLaughlin, der für uns viele Begegnungen mit Vögeln in unseren Wäldern organisiert hat, Peter Harden, der unsere Leidenschaft für die Tierwelt entfacht hat und der beste Grundschullehrer ist, den wir uns vorstellen können, und schließlich Stephanie von DK, die uns entdeckt hat und uns drängte, dieses Buch zu schreiben, sowie natürlich dem ganzen Verlagsteam für seine ungebrochene Unterstützung.

DANK DES VERLAGS

DK dankt Vanessa Bird für die Erstellung des Registers.

BILDNACHWEIS

Der Verlag dankt folgenden Personen und Organisationen für ihre freundliche Genehmigung zur Wiedergabe der Fotografien:

Seite 8 Andrew Fox; **Seite 27** Dreamstime.com: Dave Jones/Lina Sipelyte; **Seite 173 B** Hugh Clark/Bat Conservation Trust (www.bats.org.uk); **Seite 192** Andrew Fox **Umschlag** Rückseite: Andrew Fox

Alle weiteren Abbildungen © Joel und Jim Ashton, Nikki Stratton

QUELLEN

Seite 9 EU-Kommission (2016). "European Red List of Habitats: Terrestrial and Freshwater Habitats", Seite 7.
https://ec.europa.eu/environment/nature/knowledge/pdf/terrestrial_EU_red_list_report.pdf

People's Trust for Endangered Species (2014). "Hedgerows: a guide to wildlife and management", Seite 1.
https://ptes.org/wp-content/uploads/2014/06/Hedgerow-guide-web-version.pdf

RSPB (2013). "State of Nature", Seite 14.
http://www.rspb.org.uk/Images/stateofnature_tcm9-345839.pdf

Seite 80 UN Environment Programme (2019). "Peatlands store twice as much carbon as all the world's forests".
https://www.unenvironment.org/news-and-stories/story/peatlands-store-twice-much-carbon-all-worlds-forests

Seite 114 RSPB (2013), ibid.

Seite 115 BBC (2015). "Why meadows are worth saving".
http://www.bbc.co.uk/earth/story/20150702-why-meadows-are-worth-saving

DK | Penguin Random House

DK London
Lektorat Mary-Clare Jerram, Millie Andrew, Nikki Sims, Dawn Titmus, Amy Slack, Stephanie Farrow, Ruth O'Rourke
Gestaltung und Bildredaktion Maxine Pedliham, Christine Keilty, Mandy Earey, Hannah Moore
Umschlaggestaltung Nicola Powling, Lucy Philpott
Herstellung David Almond, Stephanie McConnell
Illustrationen Nicola Powling

Für die deutsche Ausgabe:
Programmleitung Monika Schlitzer
Redaktionsleitung Dr. Kerstin Schlieker
Projektbetreuung Manuela Stern
Herstellungsleitung Dorothee Whittaker
Herstellungskoordination Arnika Marx
Herstellung Sabine Hüttenkofer

Titel der englischen Originalausgabe:
Wild your Garden

Übersetzung Reinhard Ferstl
Lektorat Corina Steffl

ISBN 978-3-8310-4157-2

Druck und Bindung Livonia, Lettland

FSC www.fsc.org MIX Papier aus verantwortungsvollen Quellen FSC® C002795

www.dk-verlag.de

ÜBER DIE AUTOREN

Schon seit ihrer Kindheit sind Jim und Joel Ashton, besser bekannt als die Butterfly Brothers, begeisterte Naturliebhaber. Ob sie ihren Naturteich betrachten, den sie mit ihren Eltern angelegt haben, oder auf Rädern durch die Wälder ihrer Heimat fahren, um Tiere zu beobachten, immer versuchen sie, noch mehr über die Natur und insbesondere die Tierwelt zu erfahren.

Inzwischen haben Jim und Joel die Förderung der Fauna zu ihrem Beruf gemacht. Sie verfügen über eine 30-jährige Erfahrung bei der Anlage von Gärten und Lebensräumen speziell für Tiere in ganz Großbritannien. Durch Beobachtung der vielen spezifischen Habitate, die die einzelnen Arten für ihr Überleben und Gedeihen brauchen, haben sie sich inzwischen ein enormes Wissen angeeignet, das es ihnen ermöglicht, jeden Garten in eine florierende Minioase für die Natur zu verwandeln – sogar in Großstädten.

Neben der Gestaltung von Gärten bieten die Butterfly Brothers auch Beratungen und Workshops zum Thema Naturgärtnern an. Sie waren in den BBC-Fernsehreihen *Gardeners' World* und *Springwatch* zu Gast und begeisterten dort viele für Projekte, mit denen man Tiere anlockt, ob es sich um einen Balkon, Hinterhof oder großen Garten handelt.

Dabei lautet ihr Motto stets: »Mit der Natur und für die Natur.«

DIE BUTTERFLY BROTHERS ONLINE:

Website: hazelwoodlandscapes.com
Twitter: @Butterfly_bros

Noch mehr Spaß und Lesefreude

ISBN 978-3-8310-3896-1
26,95 € (D) / 27,80 € (A)

ISBN 978-3-8310-4154-1
19,95 € (D) / 20,60 € (A)

ISBN 978-3-8310-3900-5
16,95 € (D) / 17,50 € (A)

ISBN 978-3-8310-3724-7
19,95 € (D) / 20,60 (A)

DK

www.dk-verlag.de